프랑스에서 온 시크한 동물 친구들

치비루의 코바늘 손뜨개 인형

ChibiRu 지음

김수연 옮김, 구연경 감수

터닝포인트

봉주르!
핸드메이드 작가 치비루입니다.

이 책에서 소개하는 손뜨개 인형들은 프랑스 외딴 시골에 있는 지미구루미 마을의 주민들이에요. 마치 파리 만국박람회가 열렸던 1900년에 시간이 멈추어버린 듯한 착각이 들게 하는 곳이죠.

단순한 원형이나 사각형이 아닌 실물과 비슷한 형태로 뜨기 때문에 만들기 어려워 보이지만 뜨는 방법은 사실 굉장히 단순하답니다. 대부분 짧은뜨기로 되어 있거든요.

한 코 한 코 정성스레 뜨다 보면 어느새 근사한 인형이 완성되지요. 초보자 분들도 기본적인 뜨개코만 익히면 충분히 뜰 수 있어요.

사랑을 담아 탄생시킨 마을 주민들을 부디 예뻐해 주세요.

ChibiRu

Contents

지미구루미 마을의 어느 아침

아르누보 양식이 한창이었던 벨 에포크 시대.
마치 파리 만국박람회가 열린 1900년에 시간이 멈춘 듯한 착각이 들게 하는
한 마을이 있습니다.
프랑스의 외딴 시골에 있는 지미구루미 마을. 등장인물들은 모두 이 마을에 살고 있어요.
입영으로 인해 마을을 떠나 있는 선원 미카엘도 사실은 이 마을 출신이랍니다.

매일 아침 빵집 아들 로베르가
바구니에 빵을 가득 담아 팔러 나오면
마을의 모두가 광장으로 모여들기 시작해요.
학교에 다니고 있는 어린 남매 에밀과 조젯은
엄마 심부름으로 빵을 사러 나왔고요,
자전거 타는 걸 좋아하는 가브리엘은
아끼는 자전거인 '캡틴 가랭호'를 타고 빠르게 달려오고 있네요.
강아지 순경 마르셀은
북적거리는 거리를 교통정리하느라 바빠 보여요.

마을 주민들은 모두 로베르 네의 빵을 아주 좋아한답니다.
명배우 이본느 양은 아침 연습을 하며
이루어질 수 없는 사랑의 상대인 미카엘을 생각하면서,
배 위에서 해군으로 근무 중인 미카엘은 떠나온 고향을 그리워하면서,
귀족 혈통인 고든 씨는 기품 있는 동작으로 빵을 한입 베어 물지요.

세탁소를 운영하는 마거리트는

갑자기 비라도 오면 빨랫줄에 널어둔 옷들이 엉망이 되는 건 아닐지 걱정하면서

언덕 위 동굴에 사는 마리우스 장로에게 부탁받은 빵을 전해주러 갑니다.

도중에 무심코 빵을 씻어버리지만 그 또한 늘 있는 일이랍니다.

광장에서 빵을 거의 다 팔고 나면 로베르는 빵 배달을 시작해요.

몽상가인 화가 장 폴은

흐물흐물 움직이면서 캔버스를 바라보며 망상 중이고요,

먹보인 르블랑 부자는 벌써 빵을 다 먹어 치우고

공원에 나가 풋볼 연습에 한창이네요.

빵집으로 돌아가는 길에 로베르는

표주박 연못에서 사이좋게 발레 연습을 하는

조세핀과 잉드레에게 빵을 전달하지요.

이렇게 오늘도 지미구루미 마을의

하루가 시작되었습니다.

빵집 당나귀
로베르

아버지가 만든 빵을 바구니에 담아
빵이 나오기만을 기다리고 있는 마을 주민들에게 달려갑니다.
팔과 다리를 엇갈리게 달아서
경쾌하고 역동적인 모습을 표현해보았답니다.

만드는 방법 P.56

Robert le

OULANGER

Emile et Geor

학교에 다니는 어린 남매

에밀과 조젯

학교에 학생 수가 적어서
남매는 같은 반에서 수업을 듣는답니다.
뜨개코의 콧수를 조절하여
퍼그만의 독특한 생김새와 표정을 표현했어요.

만드는 방법
오빠 에밀 P.60,
여동생 조젯 P.63

GABRIEL

자전거 타는 악어
가브리엘

자전거 '캡틴 가랭호'를 타고
언덕을 쏜살같이 내려갈 때가 가장 행복하다는 가브리엘.
스포츠맨답게
단단한 몸매가 특징이랍니다.

만드는 방법
P.66

강아지 순경
마르셀

주민들의 안전을 기원하며
오늘도 온몸으로 교통정리를 하지요.
눈, 코, 입을 삐뚤빼뚤 달면 너무 바빠
정신없는 표정을 나타낼 수 있어요.

만드는 방법
P.70

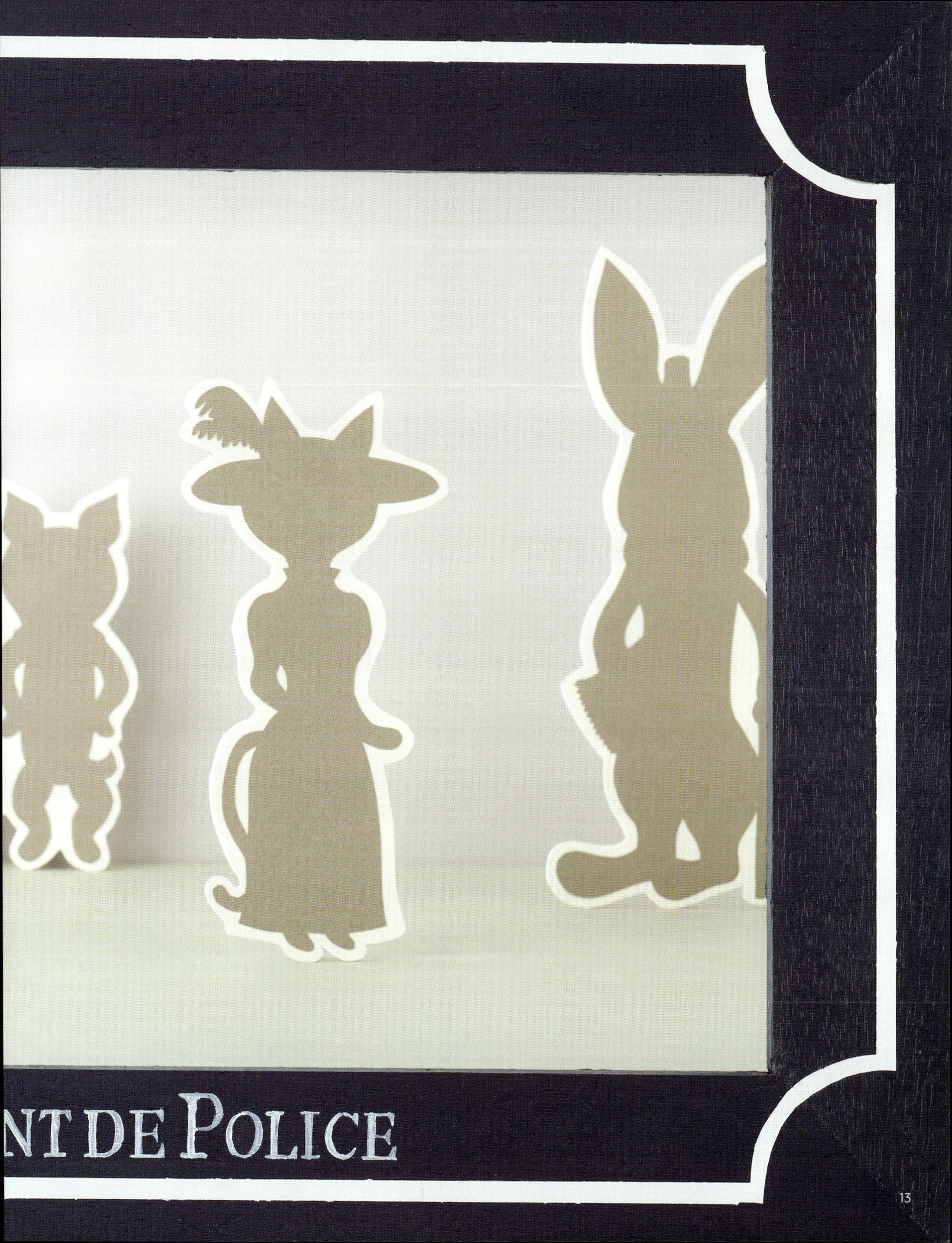
NT DE POLICE

명배우
이본느

늘 연기 연습에 열심인 매력 넘치는 그녀는
오늘도 거울 앞에서 자세 잡기 연습을 하며 털을 고릅니다.
늘씬한 팔다리와 굴곡 있는 몸매로
샴 고양이를 표현해보았어요.

만드는 방법 P.74

l'Actrice en Vogue

Mickaël le

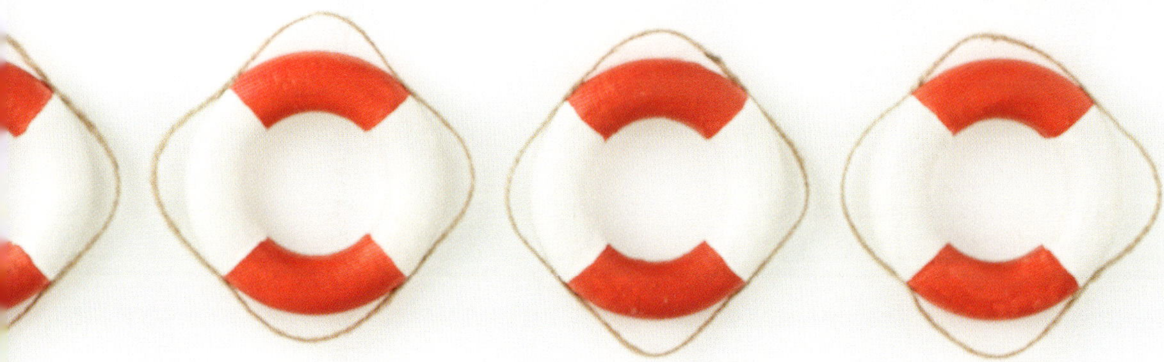

개구리 선원
미카엘

매일 아침 고향 쪽을 바라보며 '저는 잘 지내고 있어요'라는 의미로
배 위에서 깃발을 흔들며 신호를 보내는 미카엘.
세일러복은 프랑스 해군에서 실제로 착용하는 디자인이랍니다.

만드는 방법 P.77

etit Mousse

귀족 토끼

고든 씨

깡충깡충 들판을 뛰어다니는 모습도
어딘가 기품 있어 보입니다.
귀족 혈통답게 우아하고 점잖은 분위기가 나게끔
만들어보았어요.

도안
P.40,
만드는 방법
P.46

l'Aristocrate

Marguerite

세탁소 주인
마거리트

빨랫줄에 널어둔 옷들이 비에 젖을까 봐
늘 하늘을 올려다보며 걱정하는 마거리트.
줄무늬 꼬리와 크고 처진 눈이 특징이지요.

만드는 방법 P.80

부엉이 장로
마리우스

떡갈나무 잎에 둘러싸여 명상을 하지만
늘 이 자세로 꾸벅꾸벅 잠들어버리지요.
커다란 발톱과 뾰족한 부리, 동글동글한 눈으로
부엉이를 표현했답니다.

만드는 방법 P.84

Patriarche

문어 화가

장 폴

물감으로 꾸민 미술가운을 입고
오늘도 어김없이 눈을 그립니다.
여덟 개의 다리를 안정감 있게 꿰매면
인형을 세워둘 수 있어요.

만드는 방법 P.87

re Surréaliste

북극곰

르블랑 부자

북극곰이면서도 추위를 잘 타는 르블랑 부자는
똑같이 줄무늬 스웨터를 맞춰 입고 풋볼 연습에 한창이네요.
다리부터 어깨까지 이어서 뜨는 독특한 디자인이에요.

만드는 방법
P.90

INC EN WEEK-END

발레 댄서

조세핀과 앙드레

빨간색 옷과 검은색 옷을 입고
수초 사이를 누비며 우아하게 발레 연습을 하고 있어요.
몸통부터 이어서 뜬 꼬리지느러미는
마치 물결에 살랑살랑 흔들리는 듯해요.

만드는 방법
P.93

JOSÉPHINE ET ANDRÉ LE

DANSEURS DE BALLET

지미구루미 마을 주민 소개

빵집 당나귀

로베르

마을의 모든 이에게 사랑받고 있는 빵가게의 장남. 작은 마을의 블랑제(제빵사)지만, 실은 프랑스에서 가장 맛있는 빵을 만드는 아버지를 돕고 있다. 매일 아침 바구니에 빵을 가득 담고서 마을 광장으로 팔러 나가는 것이 로베르의 일과.

학교에 다니는 어린 남매

에밀과 조젯

초등학교에 다니고 있는 퍼그 남매. 오빠 에밀은 마음이 약하고 매사에 태평스러운 성격. 여동생 조젯은 지는 걸 싫어하는 말괄량이이다. 에밀은 학교 갈 때 입는 클래식한 옷을 마음에 들어 하는 반면, 조젯은 촌스럽고 답답해 보인다고 생각한다.

자전거 타는 악어

가브리엘

굉장히 고집 센 아마추어 사이클리스트. 삼시 세끼 밥 먹는 것보다 자신의 자전거인 '캡틴 가랭호'를 더욱 소중히 여긴다. 언젠가 투르 드 프랑스에 참가하는 것이 꿈. 투르 드 프랑스의 초대 챔피언 이름을 따서 자전거 이름을 지었으나, 아직은 동네에서 타는 용도일 뿐.

강아지 순경

마르셀

교통정리의 달인이 되는 것이 목표인 마음씨 좋은 순경 아저씨. 남색에 빨간색 줄무늬가 들어간 제복은 그의 자랑이다. 그의 첫 임무는 길 잃은 아기 고양이를 돕는 일이었는데, 이본느가 바로 그 아기 고양이였다. 그래서인지 항상 이본느에게 신경을 쓰고 있다.

명배우

이본느

명배우라고는 하지만 주무대는 마을 소극장인 샴 고양이. 거울 보는 것을 매우 좋아하여 틈만 나면 거울 앞에서 정성껏 털을 고른다. 소꿉친구인 선원 미카엘을 줄곧 마음속에 두고 있지만 상대가 개구리인 탓에 이루어질 수 없는 사랑을 하고 있다.

개구리 선원

미카엘

지미구루미 마을 출신으로, 이본느의 소꿉친구. 만능 스포츠맨에 매우 순수하고 단순하며 매사에 열정적인 성격이지만 연애에는 도통 흥미가 없다. 해군으로 입대하여 지금은 마을에서 멀리 떨어진 배 위에서 지내고 있다.

귀족 토끼

고든 씨

귀족 혈통을 이어받은 산토끼 고든 씨는 매우 점잖고 예의바른 신사이다. 그의 하루는 신문과 손잡이 달린 안경과 함께 시작된다. 외출할 때는 항상 지팡이를 드는데, 그 모습 또한 우아하고 기품이 넘쳐 보인다.

세탁소 주인

마거리트

태어날 때부터 세탁을 좋아해서 그냥 내버려두면 뭐든지 새하얗게 만들어버리는 너구리. 걱정이 많은 성격이라 빨랫줄에 널어둔 옷들이 혹시라도 비에 젖을까 봐 항상 하늘만 바라보고 있다. 알파벳 샘플러를 수놓는 걸 좋아한다.

부엉이 장로

마리우스

지미구루미 마을에서 나이도 제일 많고 아는 것도 제일 많은 부엉이. 마을 밖 언덕에 서 있는 오래된 떡갈나무의 구멍에 산다. 온화하고 현명한 그를 마을 주민들은 모두 '장로'라고 부르며 의지한다.

문어 화가

장 폴

몽상가인 화가 장 폴은 그 유연한 발상과 강한 믿음 덕분에 땅 위에서 살고 싶어 하는 소원을 이루었다. 눈에 대한 집착이 심한 그는 자유로워진 여덟 개의 다리로 능숙하게 붓을 사용해서 만나는 주민마다 그들의 눈을 그려준다.

북극곰

르블랑 부자

추위를 많이 타는 탓에 추운 고향을 떠나 따뜻한 지미구루미 마을로 이사 온 북극곰 가족. 주말이면 아빠는 아들을 데리고 공원에 나가고 엄마는 아기와 집을 지킨다. 똑같이 맞춰 입은 줄무늬 스웨터는 뜨개질이 취미인 아빠의 작품.

발레 댄서

조세핀과 앙드레

조세핀과 앙드레는 최고의 클래식 발레 댄서. 마을에 있는 조그마한 표주박 모양의 연못을 무대로, 빨간색과 검은색 옷을 입고 수초 사이를 노닐며 우아하게 춤춘다. 연인 사이여서인지 호흡도 딱 맞는다.

코바늘 손뜨개 기본 기법들을 누구나 쉽고, 재미있게 배울 수 있도록
생생한 동영상 강의를 네이버 행복한 취미생활 DIY 카페
(http://cafe.naver.com/diytp 또는 http://www.diytp.com)에
제공합니다.

만드는 방법 & 도안

뜨는 사람의 손놀림에 따라
실을 당기는 힘이 다르니
만드는 방법 페이지에 기재된
뜨개조직의 치수를 참조하면서 뜨기 바랍니다.

재료 및 도구

손뜨개 인형을 만들 때 필요한 것들

털실

손뜨개 인형을 만들 때는 실이 잘 갈라지지 않아 뜨기 쉬운 울 계열의 스트레이트 얀을 추천합니다. 보통 한 가닥으로 작품을 뜨지만, 사이즈를 키울 때는 두 가닥으로 뜨는 경우도 있습니다.

···› 이 책에서 사용한 실에 대한 자세한 설명은 P.55 참조.

코바늘

코바늘은 2/0호부터 10/0호까지 있으며 숫자가 커질수록 바늘의 굵기가 굵어집니다. 10/0호보다 더 굵은 바늘을 사용해야 할 경우에는 mm 단위로 표기된 '점보 코바늘'을 사용하세요.

하마나카 아미아미 한쪽 코바늘★

돗바늘

털실이 들어갈 수 있는 큰 구멍이 있으며 바늘 끝이 둥근 털실 전용 바늘입니다. 주로 편물을 잇거나 꿰맬 때, 실 정리를 할 때 사용합니다. 돗바늘에도 다양한 굵기가 있으니 실의 굵기에 맞춰 선택하세요.

하마나카 털실용 돗바늘★

뜨개용 시침핀

바늘 끝이 둥글게 처리된 뜨개 전용 시침핀으로 뜨개조직을 임시 고정할 때 사용합니다. 눈이나 코를 달 위치를 정할 때는 양재용 시침핀을 사용해도 좋습니다.

하마나카 아미아미 시침핀★

단수링

편물의 콧수나 단수를 셀 때 사용합니다. 뜨개조직을 연결할 위치를 표시할 때도 사용할 수 있습니다.

하마나카 단수링★

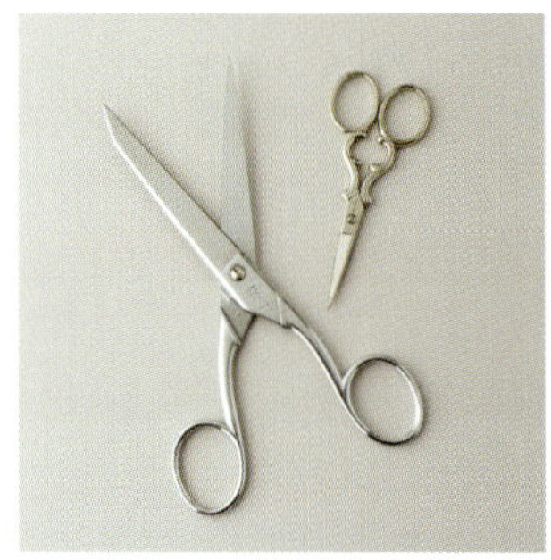

가위

실이나 펠트지를 자를 때 사용합니다. 눈, 코, 혀 등의 펠트지를 재단할 때처럼 섬세한 작업에는 끝이 가늘고 뾰족한 수예용 가위를 사용하세요.

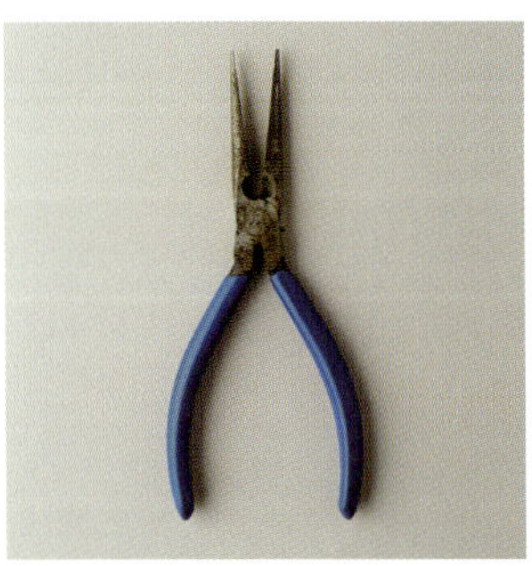

롱노즈 플라이어

끝이 가늘어 섬세한 작업에 유용한 도구로 '라디오 펜치'라고도 합니다. 이 책에서는 와이어를 자르거나 구부릴 때 사용합니다.

알루미늄 와이어

다소 둔한 광택을 지닌 알루미늄 재질의 은색 와이어로, 굉장히 가볍고 부드러워서 일반 공작용으로 사용하기 좋습니다. 이 책에서는 이본느의 꼬리 속에 넣어 꼬리 모양을 잡아주기 위해 사용했습니다.

수예용 올풀림 방지액

실의 끝부분을 정리하지 않고 그대로 장식처럼 사용하거나, 펠트지나 천을 재단한 상태 그대로 사용할 때 바르면 올이 풀리지 않아 깔끔하게 고정할 수 있습니다.

목공용 본드

눈, 코, 혀 등의 펠트지를 편물에 붙일 때 사용합니다. 수예용 본드를 사용해도 좋습니다.

소품을 만들 때 필요한 것들

펠트지

얼굴에 표정을 만들 때 사용합니다. 이 책에 실린 작품에서는 두께 2mm의 일반 펠트지를 눈, 코, 혀, 입, 이빨 등 부위에 따라 구분해서 사용했습니다. 붙일 때는 속건성(速乾性, 어떤 액체가 공기 중에서 빨리 말라 버리는 성질) 목공용 본드를 사용하세요.

방울솜

섬유가 알갱이 모양(지름 약 7mm)으로 되어 있어 덩어리지지 않는 장점이 있습니다. 균일하게 채워 넣을 수 있기 때문에 좁은 부분에 솜을 넣을 때 더욱 유용합니다.

인형솜(구름솜)

적당히 탄력이 있으며, 필요한 양만큼 뜯어서 넣을 수 있는 폴리에스테르 100%의 솜입니다. 항균·방취가공 된 것도 있습니다.

하마나카 클린(1봉지 100g)★

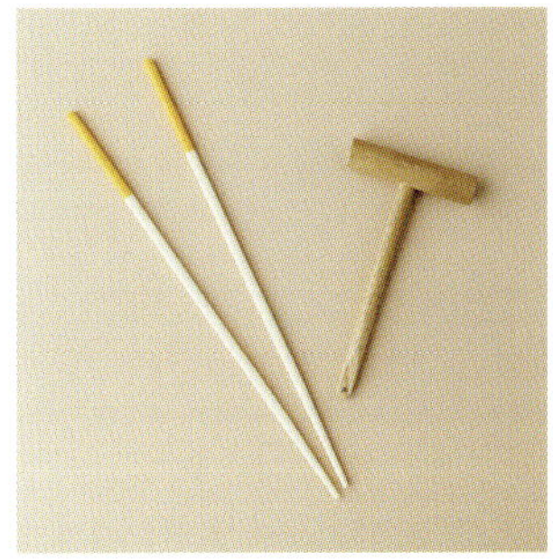

솜 넣는 도구

가늘고 긴 부분에 솜을 균일하게 넣을 때 꼭 필요한 도구입니다. 긴 젓가락이나 전용 스터핑 스틱(stuffing stick) 등을 사용합니다. 코바늘의 막대 부분을 사용해도 좋습니다.

발사 목재

가볍고 가공하기 쉬운 목재로, 굉장히 부드럽기 때문에 커터로도 쉽게 자를 수 있습니다. 평평한 판자와 각재가 있으므로 만들려는 소품에 맞춰 구분해서 사용합니다.

영자신문

영어로 인쇄된 신문. 이 책에서는 귀족 토끼 고든 씨가 들고 있는 신문을 만들 때 사용했습니다. 핑킹가위로 영자신문의 한 귀퉁이를 잘라 미니 신문을 만듭니다.

커터

종이 등을 자르기 위한 도구로, 이 책에서는 소품용 발사 목재를 자를 때 사용했습니다.

와이어(골드)

약간 칙칙한 금색을 띠며, 독특한 광택이 매력인 황동(구리에 아연을 첨가하여 만든 합금) 소재의 와이어입니다. 이 책에서는 고든 씨의 안경을 만들었습니다.

지점토

가볍고 반죽하기 쉬운 공작용 점토로, 원하는 형태를 만들어 건조시킨 뒤에 완전히 굳으면 색을 칠합니다. 이 책에서는 고든 씨가 들고 있는 지팡이 머리를 만들 때 사용했습니다.

아크릴 물감

물로 희석시켜서 수채 물감처럼 사용할 수 있으며, 마르면 내수성이 생기는 물감입니다. 밑색이 마른 뒤에 덧칠을 해도 밑색이 번지지 않아 깔끔하게 마무리할 수 있습니다.

붓

회화용 붓으로 이 책에서는 지점토와 발사 목재를 칠할 때 사용했습니다. 넓은 부분은 평붓, 섬세한 부분은 면상필(중간 부분은 빳빳하고 끝부분은 가는 붓. 가늘고 작은 글씨를 쓸 때 사용한다)을 사용하는 것이 좋습니다.

···▸ ★ 표시가 있는 상품은 일본 하마나카사의 제품입니다.

≈ 작품 만들 때 알아두면 좋은 팁 ≈

한 코 한 코 천천히 뜨세요

도안은 거의 대부분 복잡해보이지만 한 코 한 코 정성스럽게 뜨다 보면 다양한 형태와 표정을 만들 수 있답니다. 포기하지 말고 마지막까지 떠보세요.

뜨개질을 할 때는

작거나 좁은 부분을 뜰 때 각각의 뜨기 시작이나 실 색상을 바꿀 경우 종종 실 끝자락이 방해가 되는 경우가 있습니다. 그럴 때 왼손(주로 쓰는 손이 아닌 쪽) 중지가 중요한 역할을 합니다. 검지는 실을 당기는 힘을 일정하게 유지하기 위해 항상 사용 중이므로 쉬고 있는 중지를 활용하는 것이지요. 자르지 않고 남겨둔 실 끝자락을 중지로 누르거나, 작거나 좁은 부분에 중지를 끼워 넣고 지지대처럼 사용하면 뜨기가 쉬워집니다.

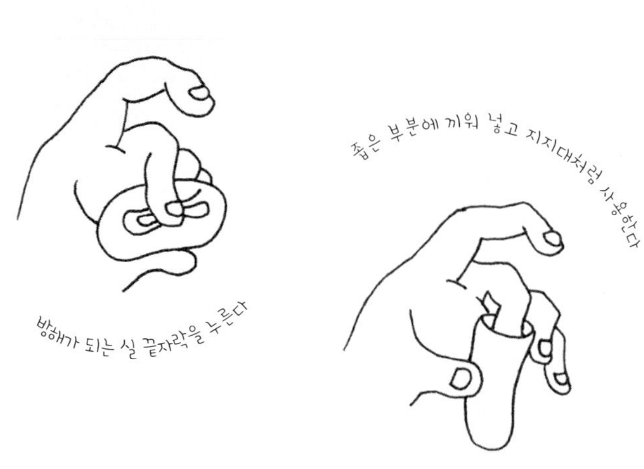

솜을 넣을 때는

잘록하거나 가는 부분은 뜨개질해나가면서 중간 중간 솜을 넣어주어야 형태를 만들기도 쉽고 완성도도 높일 수 있습니다. 솜을 넣을 때는 평평하게 펼친 솜을 폭신폭신한 상태로 뜨개조직의 안쪽을 따라 흘려 넣는다는 느낌으로 넣어주세요. 한 번에 꾹꾹 눌러 넣지 말고 가장자리부터 시작해서 점점 솜을 더해가며 중심 쪽으로 넣어줍니다. 한꺼번에 꾹꾹 눌러 넣어서 솜이 너무 꽉 채워지면 울퉁불퉁하게 완성되거나 한쪽으로 균형이 쏠리게 됩니다. 한번 그렇게 되면 그 상태로는 형태를 다시 다듬을 수 없게 되지요. 그럴 때는 넣은 솜을 꺼내서 폭신폭신하게 풀어준 후 다시 채워 넣으세요.

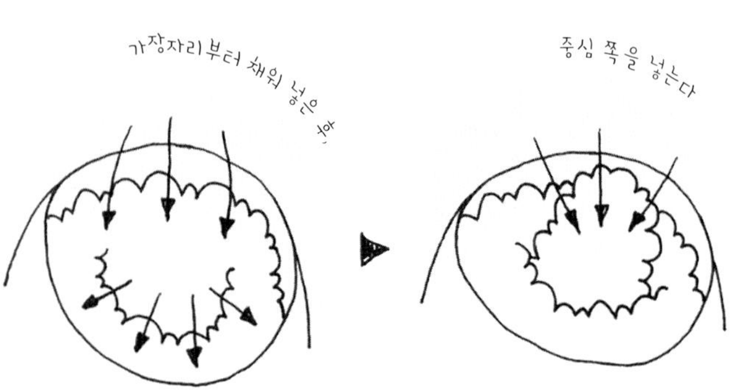

방울솜을 효과적으로 사용하면 폭신폭신하고 부드럽게 마무리할 수 있어요

일반적인 폴리에스테르 솜(인형솜) 대신 방울솜을 넣으면 폭신폭신하고 부드러운 인형을 완성할 수 있어요. 방울솜을 사용하면 뜨개코가 벌어지지 않고 뭉침도 없이 깔끔하게 완성할 수 있으나, 다리 같은 부위에 사용하면 오히려 너무 부드러워서 인형이 몸을 지탱할 수 없게 된답니다. 부위에 따라 솜을 구분해서 사용하세요.

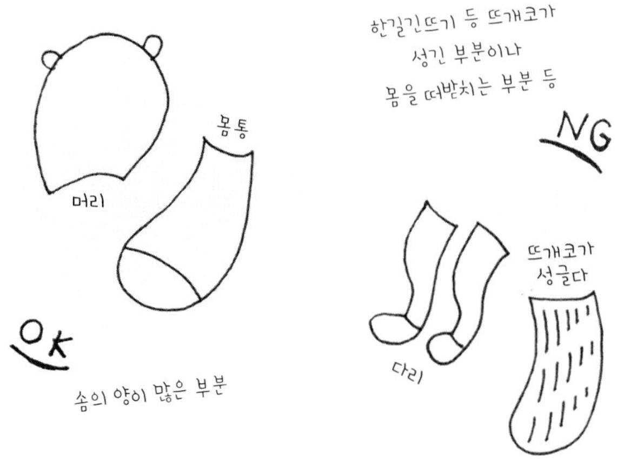

돗바늘은 용도에 맞춰 구분해서 사용하세요

돗바늘은 감침질 등을 할 때 뜨개코 이외의 실이나 솜까지 뜨지 않도록 하기 위해 굵고 끝이 둥근 것을 사용합니다. 각 부분을 꿰매어 달 때는 뜨개코에 상관없이 잘 꿰맬 수 있도록 끝이 뾰족한 돗바늘을 사용하는 편이 좋습니다.

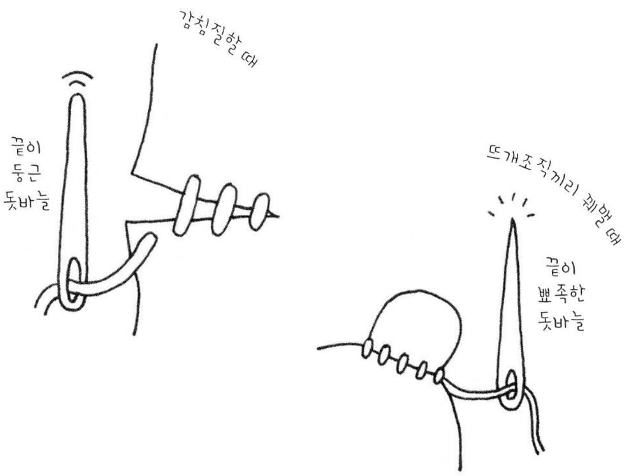

올풀림 방지액을 바를 때는 완전히 건조된 후에 다음 작업을 진행합니다

펠트지는 성능이 떨어지면 보풀이 잘 일게 되는데, 그럴 때는 가장자리(자른 펠트지의 단면)에 올풀림 방지액을 바릅니다. 올풀림 방지액을 바른 펠트지를 화장지 위에 올려놓고, 그 위에서 다른 화장지로 가볍게 눌러 여분의 올풀림 방지액을 닦아냅니다. 이렇게 하지 않으면 바른 곳에 하얗게 자국이 남습니다. 말린 뒤에는 본드로 붙이는데, 이때 올풀림 방지액이 완전히 말라 있지 않으면 이때도 하얗게 자국이 남으므로 주의해야 합니다.

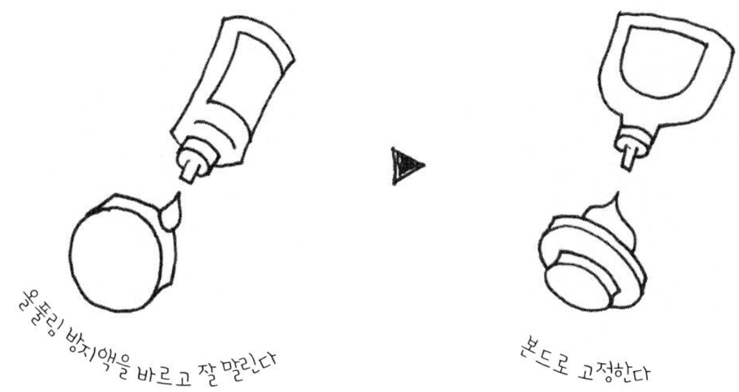

각 부분을 연결할 때는

견본과 똑같이 만드는 데에만 집중하다 보면 자연스럽지 않은 인형이 완성되는 경우도 간혹 있답니다. 자신의 감각을 믿고 가장 괜찮아 보이는 위치에 각 부분을 꿰매어 달아보세요.

표정을 만들 때는

눈·코·귀의 위치, 팔 다는 위치, 다리의 방향 등에 따라 완성했을 때의 느낌이 완전히 달라진답니다. 특히 얼굴 표정을 만들 때는 단 1mm의 차이만으로도 전혀 다른 이미지의 인형이 탄생될 수 있지요. 그러므로 섣불리 바로 꿰매버리지 말고 반드시 시침핀으로 임시 고정한 후 조금씩 위치를 바꿔가면서 적당한 위치를 정하는 것이 중요합니다. 다양하게 시도하여 자신만의 독창적인 인형을 만들어보세요.

귀족 토끼 고든 씨를 만들어볼까요?

고든 씨의 눈을 제외한 나머지 부분들은 모두 털실로 만들 수 있어요.
연결할 부분이 좀 많긴 하지만 모두 쉽게 뜰 수 있는 것들이에요.
P.46부터는 뜨개 과정이 담긴 사진과 뜨는 방법이 함께 실려 있어 더욱 쉽게 따라할 수 있을 거예요.

| 작품 | p.18 | 도안 | p.40 | 만드는 방법 | p.46

재료 및 도구

실

다이아몬드 다이아에포카
베이지 그레이(370) 33g,
다크 블루(372) 22g,
멜란지 레드(375) 21g,
라이트 그린(377) 19g,
화이트(301) 13g, 베이지(365) 2g

바늘

코바늘 6/0호(3.5mm)

부재료

인형솜 약 40g, 펠트지(베이지·오렌지·브라운) 각 3.6cm×2.5cm, 목공용 본드, 수예용 올풀림 방지액

소품용 … 와이어(골드) 30cm, 영자 신문 10cm×6.5cm 3장, 발사 목재 지름 1cm×12cm, 지점토 적당량, 아크릴 물감(블랙·골드), 붓, 롱노즈 플라이어, 핑킹가위, 커터

완성 사이즈

전체 길이 38cm

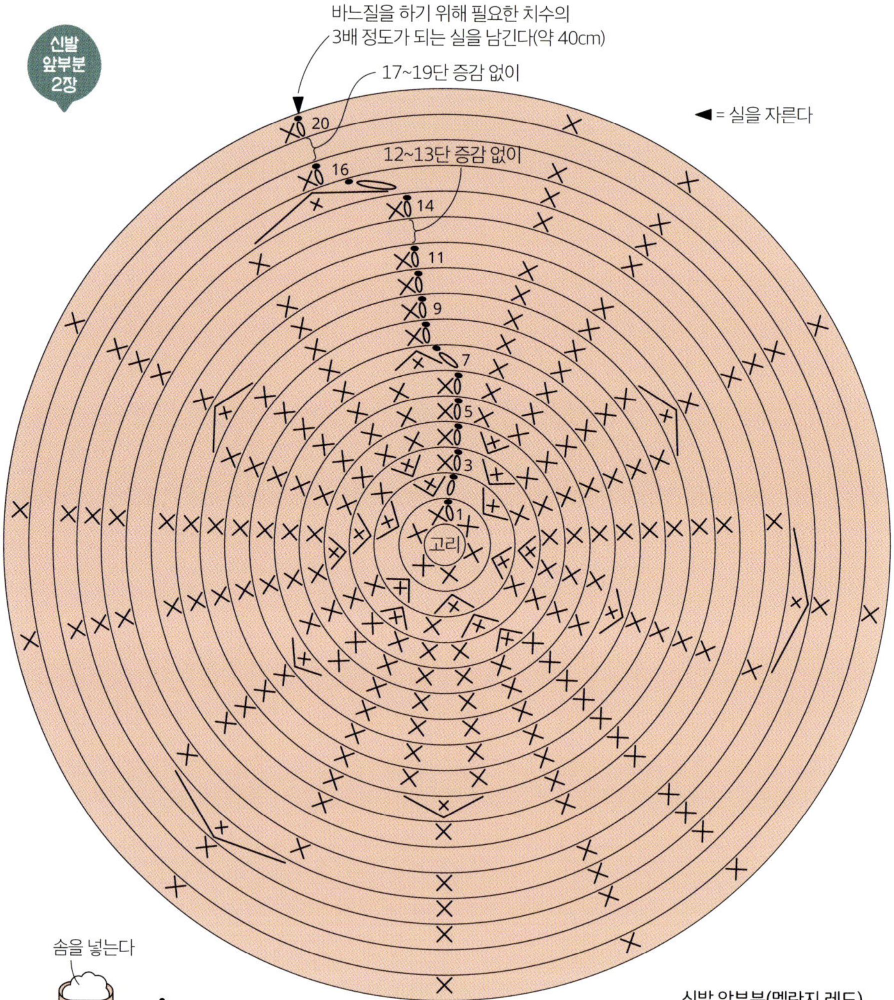

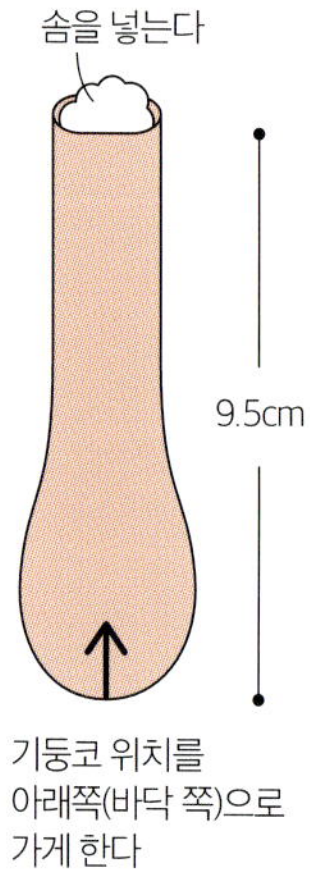

신발 앞부분(멜란지 레드)

단수	콧수	
16~20	12	
15	12	(-3코)
11~14	15	
10	15	(-3코)
8~9	18	
7	18	(-3코)
5~6	21	
4	21	(+3코)
3	18	(+6코)
2	12	(+6코)
1	6	

엉덩이 1장

※ 양쪽 다리에서 코를 주워서 뜬다

바지의 오른쪽 다리♡와 왼쪽 다리♥에서 (34코) 줍는다

◁ = 실을 잇는다
◀ = 실을 자른다

엉덩이(다크 블루)

단수	콧수	
24	30	(-2코)
23	32	(-2코)
22	34	
21	바지의 ♡·♥에서 (34코) 줍는다	

≡ 엉덩이에서 코 줍는 법 ≡

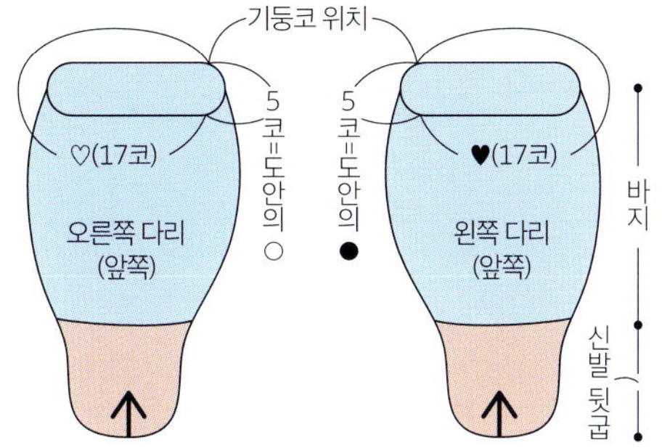

① ●와 ○를 맞춘 후 앞쪽에서 두 장을 함께 빼뜨기로 잇는다
② 계속해서 사슬 1코로 기둥코를 세우고 34코를 주워서 엉덩이를 뜬다

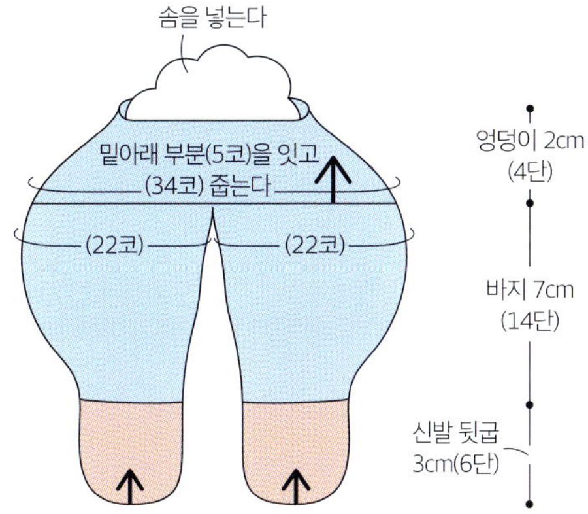

다리 2장

≡ 바지 ≡

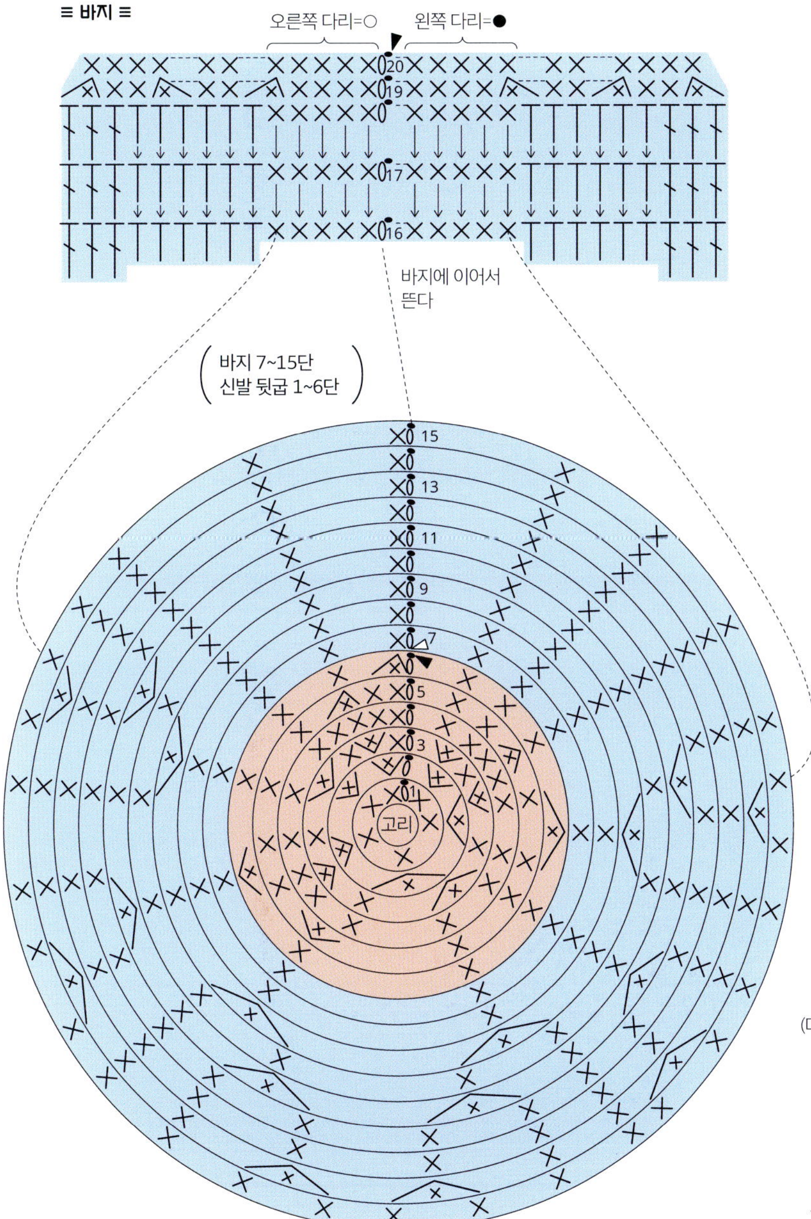

신발 뒷굽 · 바지

	단수	콧수	
바지 (다크 블루)	20	22	
	19	22	(-6코)
	15~18	28	
	14	28	(+6코)
	12~13	22	
	11	22	(+6코)
	10	16	
	9	16	(+4코)
	8	12	
	7	12	
신발 뒷굽 (멜란지 레드)	6	12	(-3코)
	5	15	(-3코)
	4	18	
	3	18	(+6코)
	2	12	(+6코)
	1	6	

몸통 1장

≡ 조끼 ≡

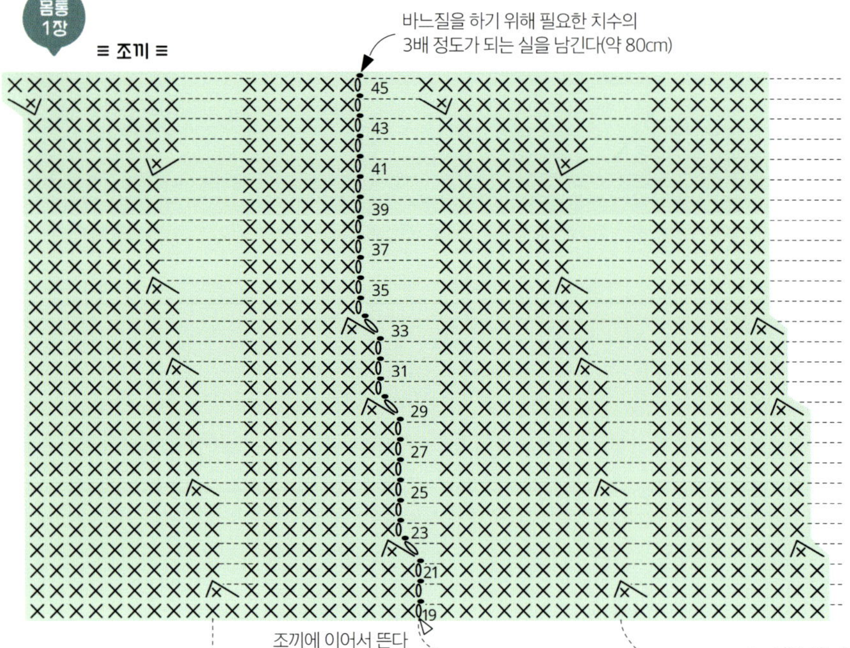

◁ = 실을 잇는다
◀ = 실을 자른다

≡ 머리 ≡

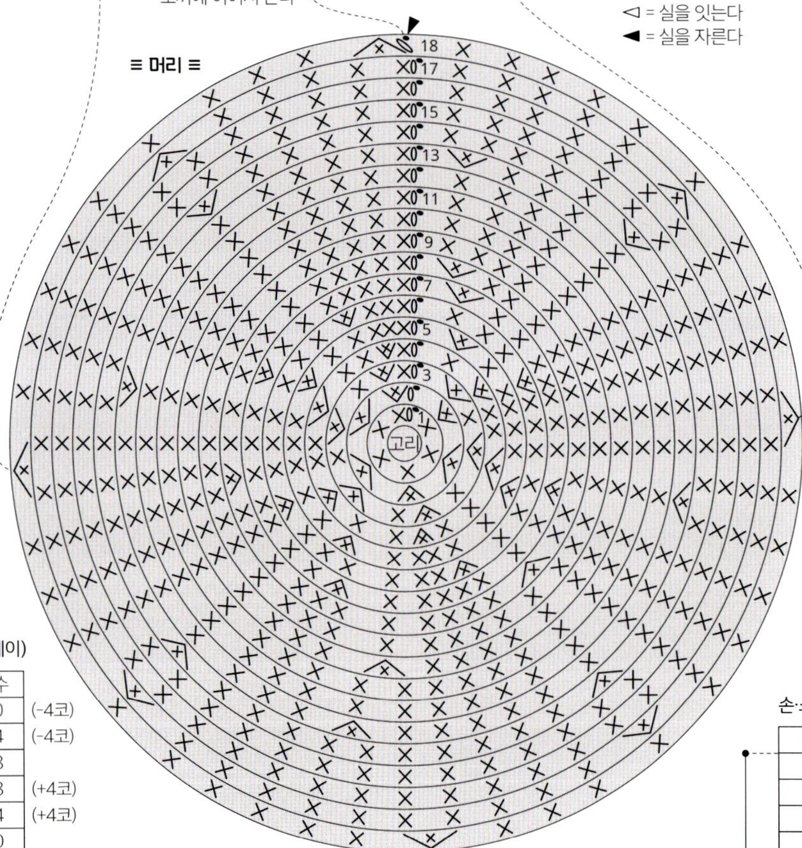

조끼(라이트 그린)

단수	콧수	
45	30	
44	30	(+2코)
42~43	28	
41	28	(+2코)
36~40	26	
35	26	(-2코)
34	28	
33	28	(-2코)
32	30	
31	30	(-2코)
30	32	
29	32	(-2코)
26~28	34	
25	34	(-2코)
23~24	36	
22	36	(-2코)
21	38	
20	38	(-2코)
19	40	

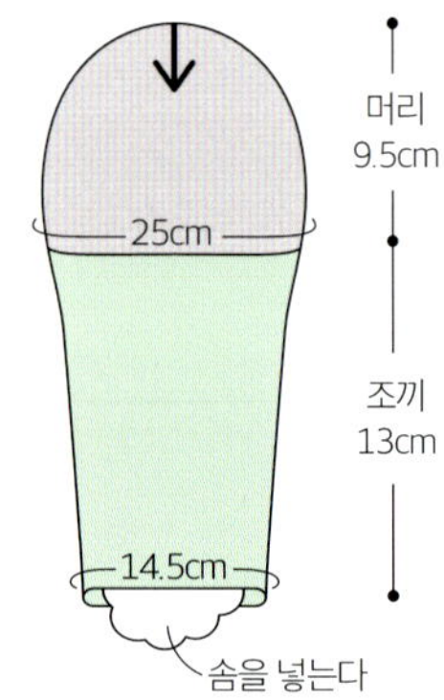

머리(베이지 그레이)

단수	콧수	
18	40	(-4코)
17	44	(-4코)
15~16	48	
14	48	(+4코)
13	44	(+4코)
11~12	40	
10	40	(+1코)
9	39	
8	39	(+3코)
7	36	단마다 (+4코)
6	32	
5	28	
4	24	단마다 (+6코)
3	18	
2	12	
1	6	

팔 2장

≡ 소매 ≡

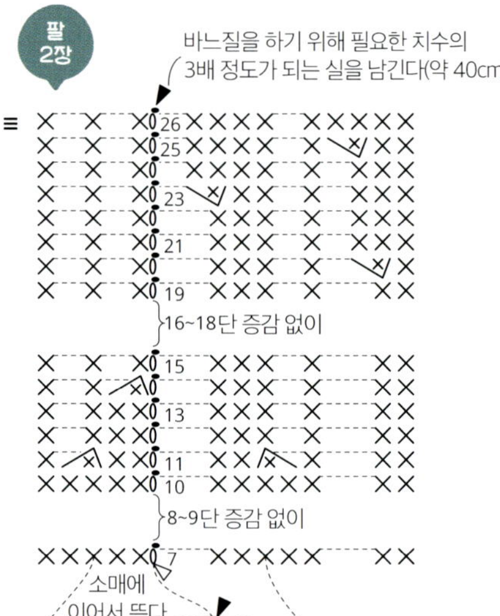

≡ 손 ≡

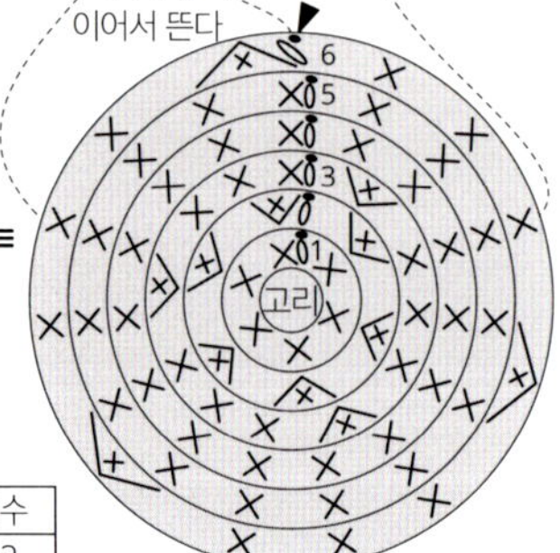

손·소매

	단수	콧수	
소매 (화이트)	26	12	
	25	12	(+1코)
	24	11	
	23	11	(+1코)
	21~22	10	
	20	10	(+1코)
	15~19	9	
	14	9	(-1코)
	12~13	10	
	11	10	(-2코)
	7~10	12	
손 (베이지 그레이)	6	12	(-3코)
	4~5	15	
	3	15	(+3코)
	2	12	(+6코)
	1	6	

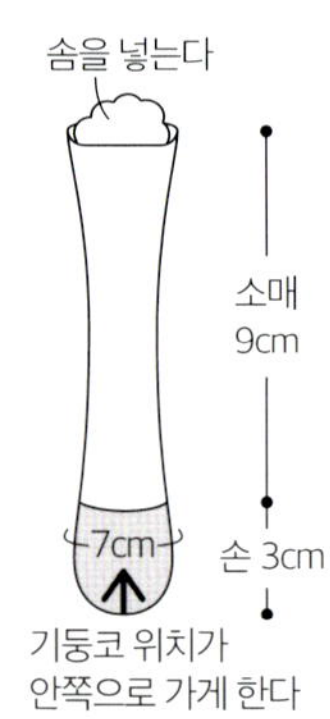

귀 2장

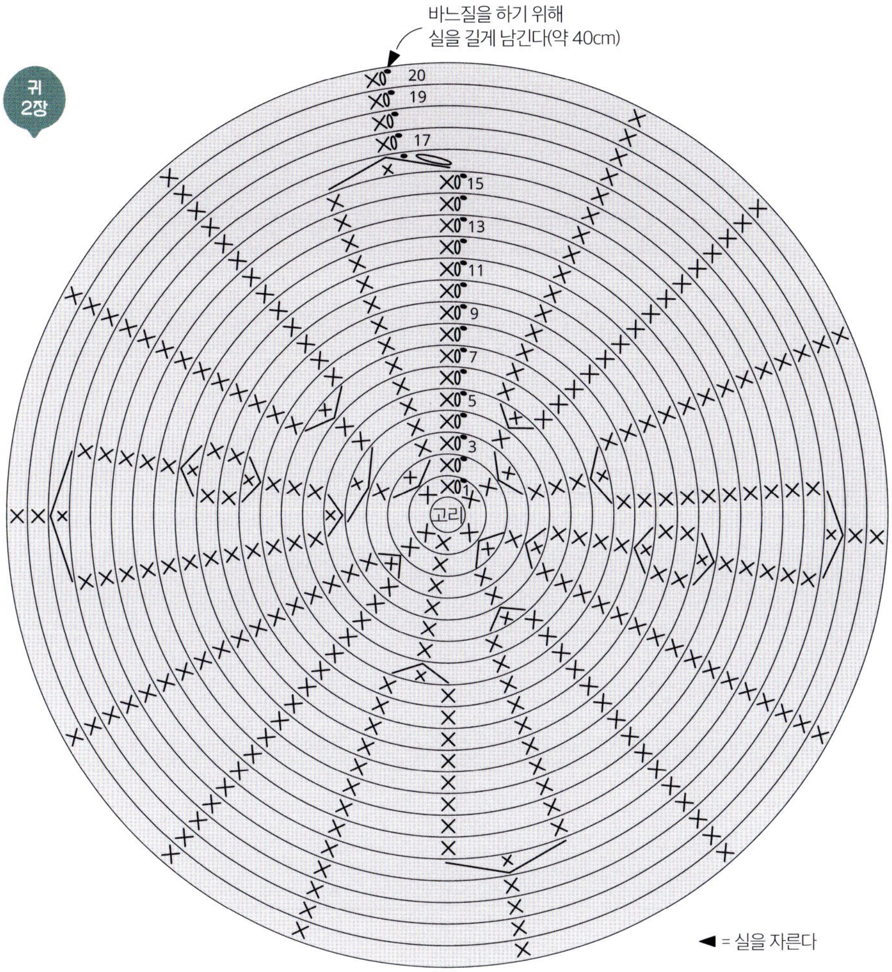

◄ = 실을 자른다

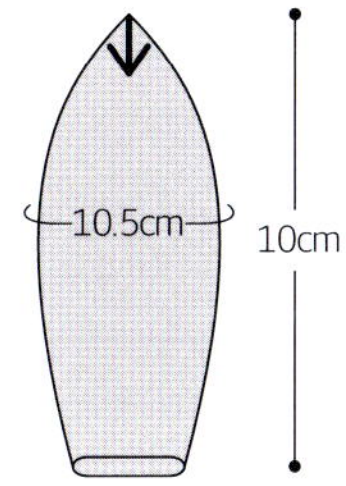

귀(베이지 그레이)

단수	콧수	
19~20	14	
18	14	(-2코)
17	16	
16	16	(-2코)
14~15	18	
13	18	
12	18	(-2코)
10~11	20	
9	20	(+2코)
8	18	
7	18	(+3코)
6	15	
5	15	(+3코)
4	12	단마다 (+2코)
3	10	
2	8	
1	6	

꼬리 1장

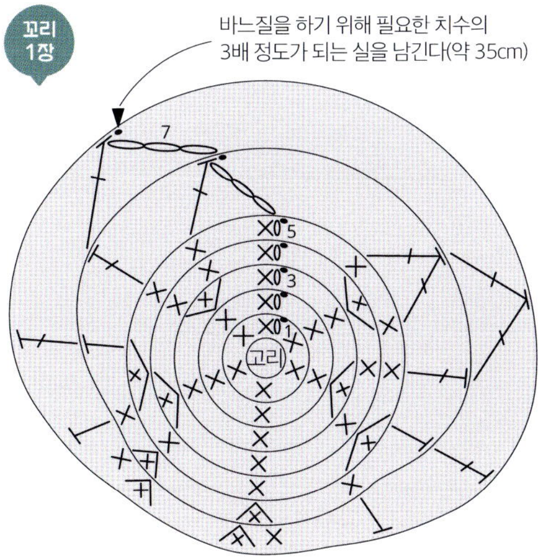

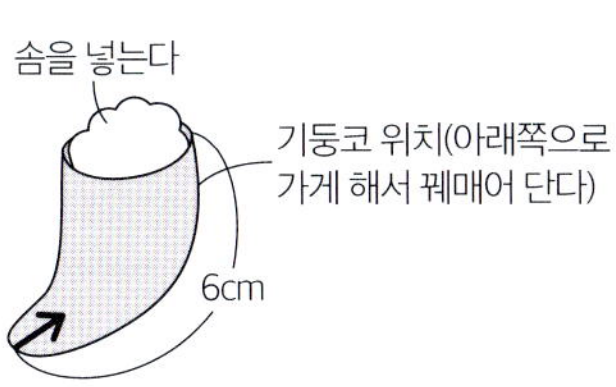

꼬리(베이지 그레이)

단수	콧수	
6~7	12	
5	12	단마다 (+2코)
4	10	
3	8	
2	6	
1	6	

주둥이 1장

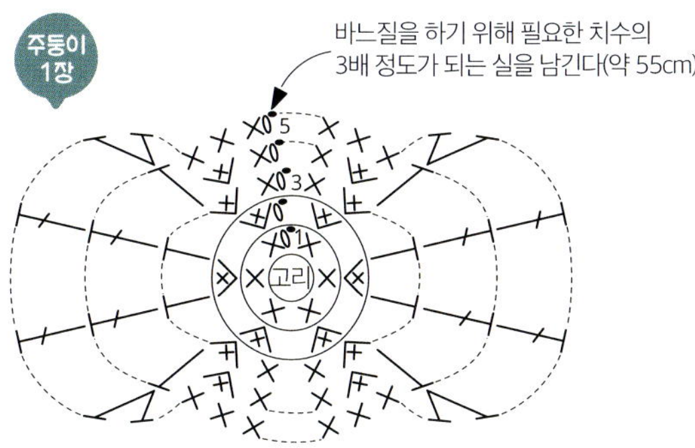

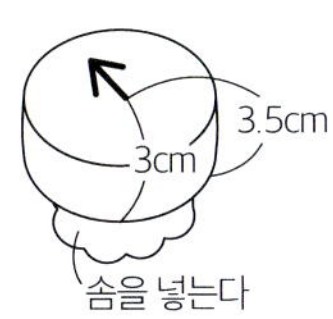

주둥이(베이지)

단수	콧수	
5	24	단마다 (+4코)
4	20	
3	16	
2	12	(+6코)
1	6	

옷깃 (화이트) 1장

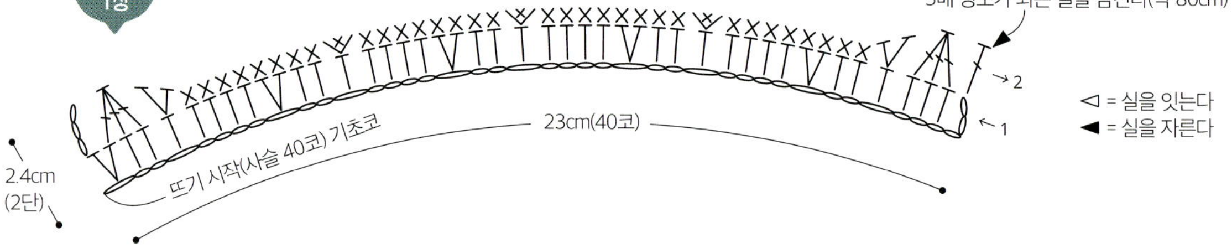

리본 타이 (다크 블루) 1장

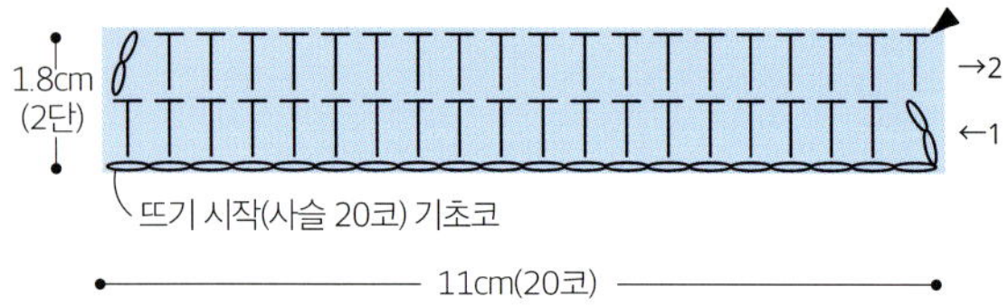

모자 1장

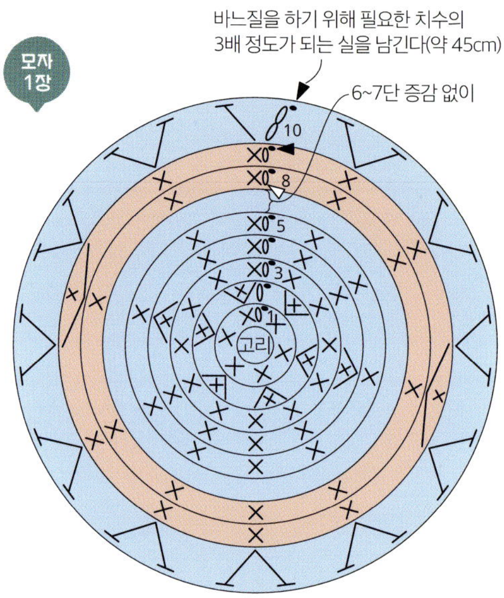

눈 펠트지 (베이지, 브라운, 오렌지) 각 2장

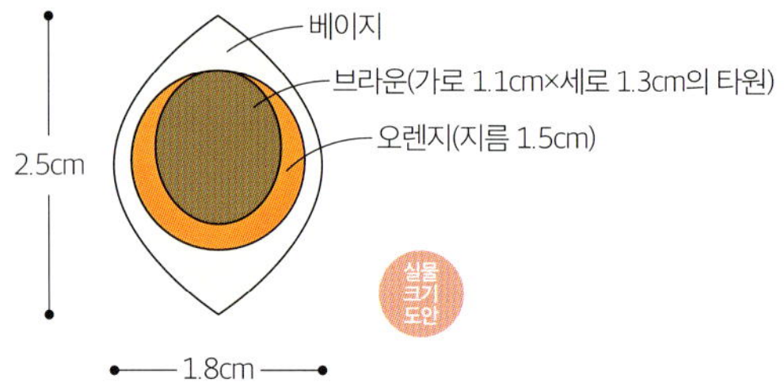

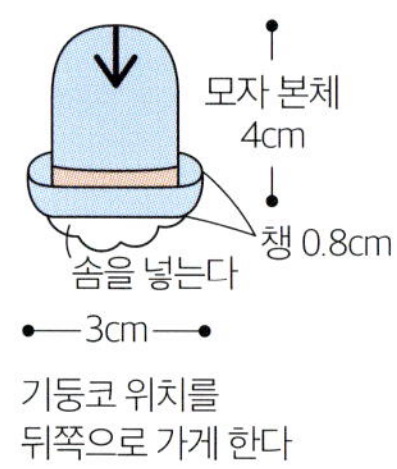

모자

부분	단수	콧수	
챙(다크 블루)	10	24	(+12코)
리본 타이(멜란지 레드)	9	12	(+2코)
	8	10	
모자 본체(다크 블루)	5~7	10	
	4	10	(-2코)
	3	12	
	2	12	(+6코)
	1	6	

지팡이 1개

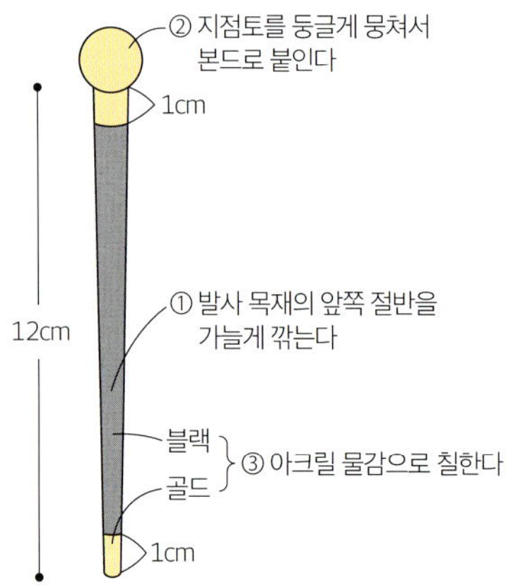

안경 1개 (취향에 따라 선택)

와이어(골드)를 그림처럼 구부려 안경 모양을 만든다
※ A는 책 표지, B는 작품 페이지(P.18)에서 사용

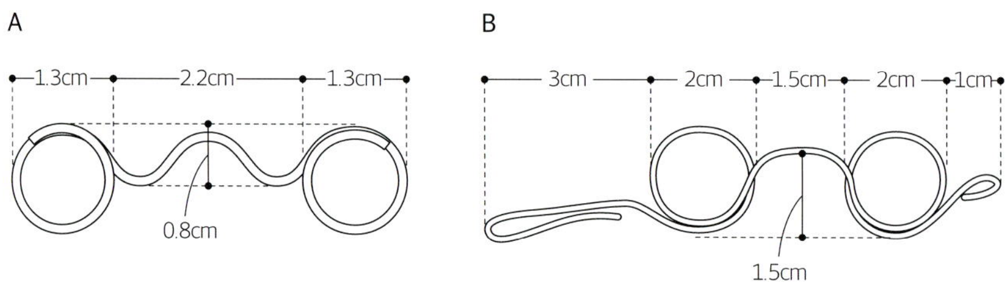

마무리하기

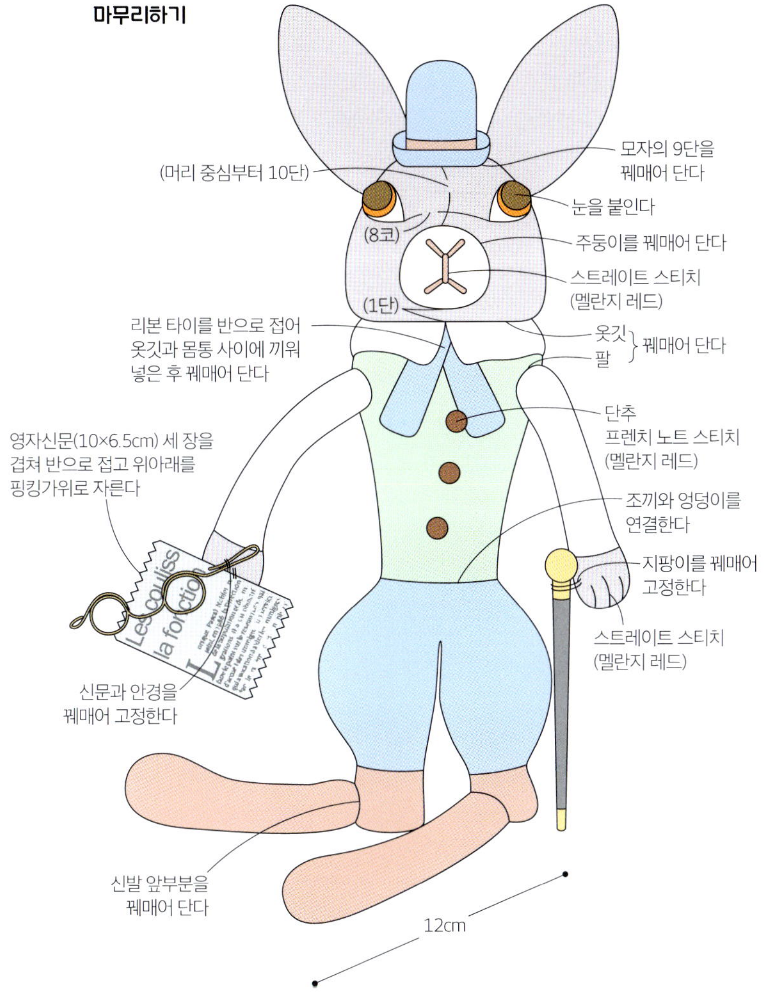

앞

뒤

≡ 뒤쪽 ≡

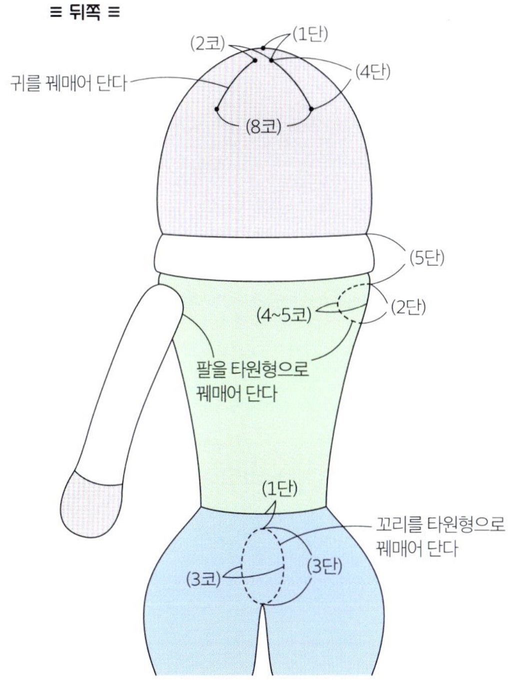

수놓는 방법

스트레이트 스티치

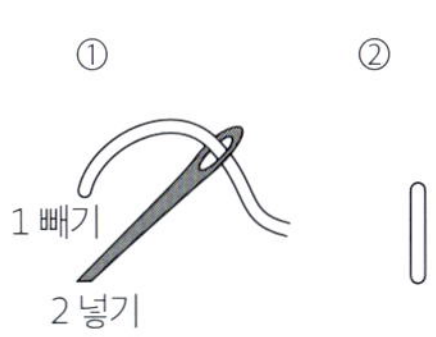

프렌치 노트 스티치

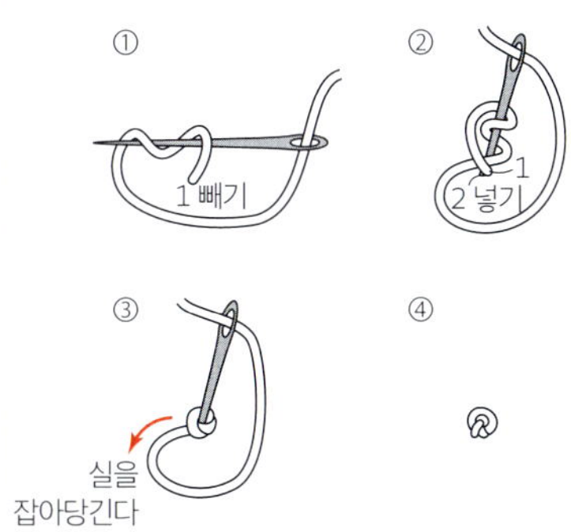

※ 이 책의 작품에서는 ①의 과정에서
바늘에 실을 다섯 번 감았습니다

1. 신발 앞부분을 뜹니다

실 끝으로 고리를 만드는 시작코 고리 (치비루식)

① 멜란지 레드 실을 왼손 검지에 세 번 감는다.

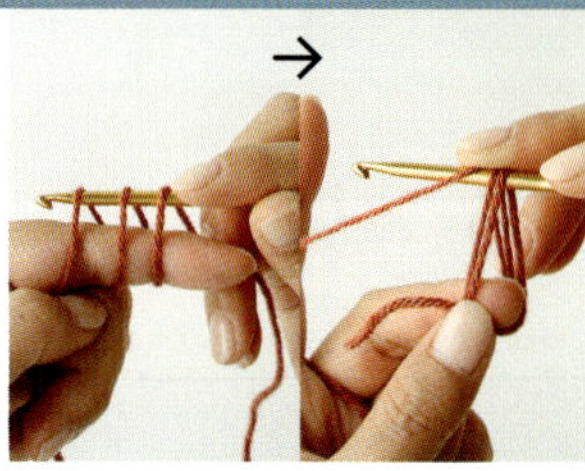

② 왼손 검지에 걸려 있는 고리들 속으로 바늘을 넣은 상태에서 그대로 손가락을 빼낸 후, 두 겹으로 된 고리 부분을 왼손 엄지와 중지로 잡는다.

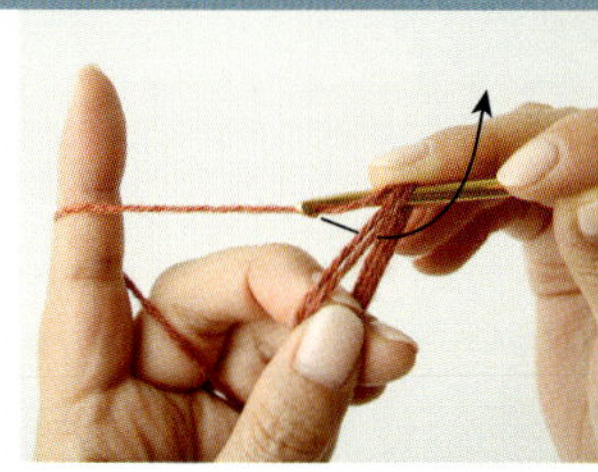

③ 바늘에 실을 걸어 사진처럼 고리 속으로 끌어낸다.

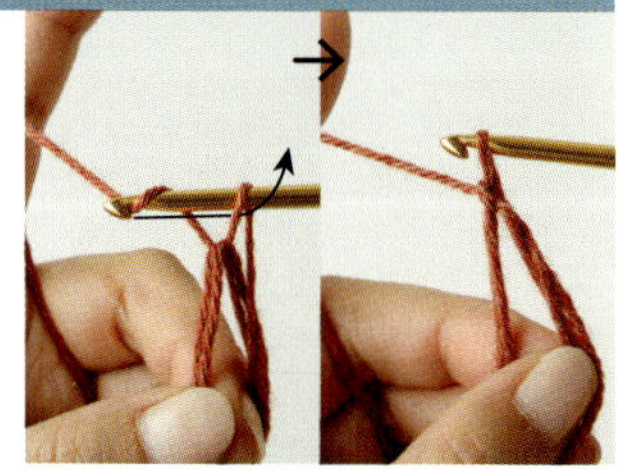

④ 한 번 더 바늘에 실을 걸어 화살표를 따라 끌어낸 후, 왼손의 실을 당겨서 코를 조인다. 첫코를 완성한 모습(이 코는 1코로 세지 않는다).

사슬뜨기 ○

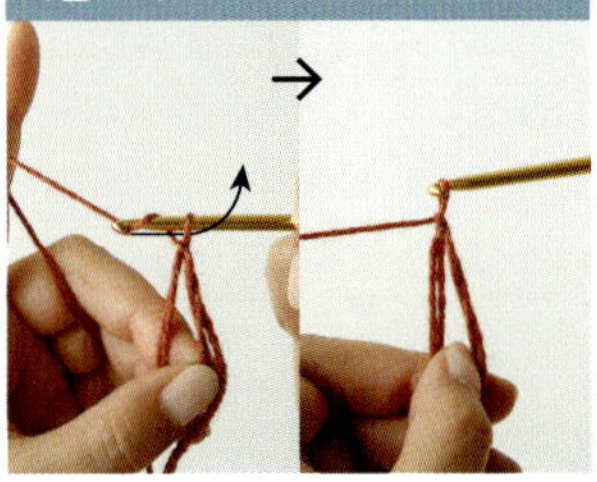

⑤ 1단을 시작할 때는 사진처럼 바늘에 실을 걸어 화살표를 따라 끌어낸다. 기둥코가 될 사슬(이하 기둥코) 1코 완성.

짧은뜨기 X

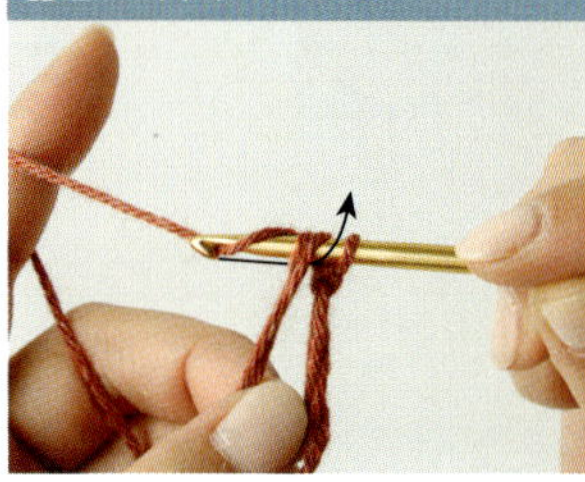

⑥ 사진처럼 고리 속으로 바늘을 넣은 후 바늘에 실을 걸어 화살표를 따라 끌어낸다.

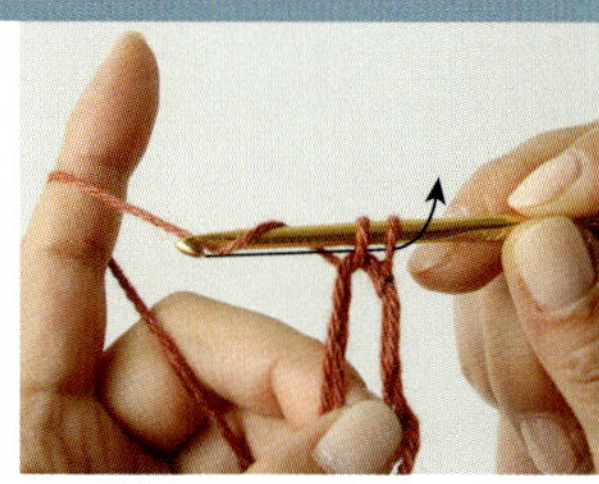

⑦ 한 번 더 바늘에 실을 걸고 화살표를 따라 빼낸다.

⑧ 짧은뜨기를 1코 뜬 모습.

⑨ ⑥~⑧을 반복하여 고리에 짧은뜨기를 6코 뜬다.

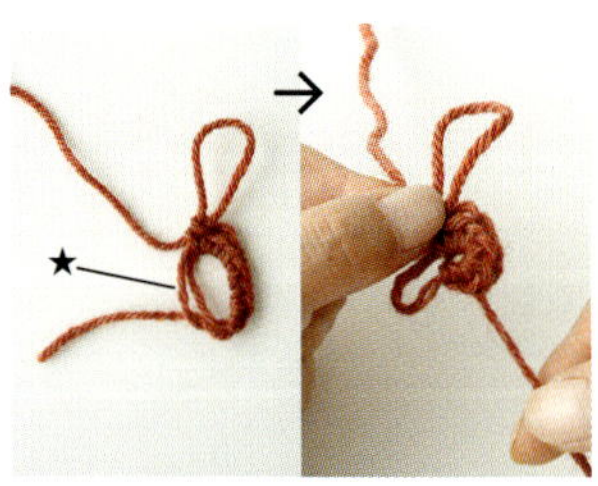

⑩ 실 끝을 살짝 잡아당겨서 움직이는 쪽의 실(★)부터 먼저 잡아당겨 조인 후, 다시 실 끝을 잡아당겨 고리를 완전히 조인다.

빼뜨기 ●

⑪ 1단의 마지막은 첫 번째 짧은뜨기의 머리에 바늘을 넣은 후, 바늘에 실을 걸어 사진처럼 빼낸다(빼뜨기).

⑫ 1단 완성.

⑬ 2단은 사슬 1코로 기둥코를 세운다.

짧은뜨기 2코 늘려뜨기

⑭ 계속해서 앞 단 첫 번째 코에 짧은뜨기를 1코 뜬다.

⑮ ⑭와 같은 코에 바늘을 한 번 더 넣어서 짧은뜨기를 1코 더 뜬다. '짧은뜨기 2코 늘려뜨기' 완성.

⑯ 계속해서 모든 코에 '짧은뜨기 2코 늘려뜨기'를 한다. 마지막은 ⑪과 같은 방법으로 빼뜨기를 한다. 2단 완성.

⑰ 도안대로 6단까지 코를 늘리면서 뜬다. 7단의 기둥코 1코를 뜬다.

짧은뜨기 2코 모아뜨기

⑱ 앞 단 첫 번째 코에 바늘을 넣고 실을 걸어서 끌어낸다.

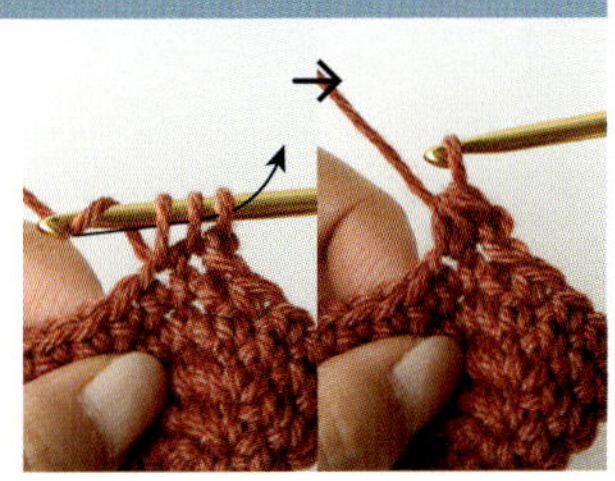

⑲ 같은 방법으로 앞 단 두 번째 코에도 실을 걸어서 끌어낸 후, 한 번 더 바늘에 실을 걸고 한꺼번에 빼낸다. '짧은뜨기 2코 모아뜨기'를 뜬 모습.

⑳ 계속해서 도안대로 코를 줄이면서 뜨고 마지막에 빼뜨기를 한다. 7단 완성.

㉑ 20단의 마지막 빼뜨기 전까지 도안대로 뜬다.

㉒ 바늘을 뺀 후 실 끝을 약 40cm 남기고 실을 자른다.

㉓ 바늘을 뺀 고리를 잡아당겨서 실 끝을 빼낸다.

㉔ 실 끝을 돗바늘에 꿴다.

사슬로 이어 돗바늘 마무리

㉕ 첫 번째 코의 사슬 머리 두 가닥에 돗바늘을 통과시킨다.

㉖ 뜨기 끝부분의 실이 나와 있는 고리로 돌아가서 돗바늘을 통과시킨다.

㉗ 실 끝을 잡아당겨서 코를 조인다. 신발 앞부분을 완성한 모습.

㉘ 같은 방법으로 한 장 더 뜬다.

2. 다리(신발 뒷굽, 바지)를 이어서 뜹니다

① 멜란지 레드 실로 5단을 뜬 후, 6단은 마지막 짧은뜨기의 실을 빼내기 전까지 뜬다.

다른 색 실로 바꾸기

② 뜨개실을 다크 블루(바지용 실) 색으로 바꾼 후, 바늘에 실을 걸어서 빼낸다. 마지막 짧은뜨기를 뜬 모습.

③ 단의 마지막 빼뜨기를 한다. 6단 완성. 멜란지 레드 실은 실 끝을 약 10cm 남기고 자른다.

④ 계속해서 7단을 다크 블루 실로 몇 코 뜬 후, 멜란지 레드 실과 다크 블루 실의 끝이 풀리지 않도록 서로 묶는다.

⑤ 15단까지 코를 늘리면서 뜬다. 16단은 처음에 짧은뜨기를 5코 뜬다.

긴뜨기 T

⑥ 여섯 번째 코는 우선 바늘에 실을 건 후, 앞 단 짧은뜨기의 머리에 바늘을 넣는다.

⑦ 실을 걸어서 끌어낸다.

⑧ 한 번 더 바늘에 실을 걸고 바늘에 걸려 있는 모든 고리를 빼낸다. 긴뜨기를 1코 뜬 모습.

한길긴뜨기

⑨ 계속해서 긴뜨기를 모두 6코 뜬다.

⑩ 다음 코는 바늘에 실을 건 후, 앞단 코의 머리에 바늘을 넣고 실을 걸어서 끌어낸다.

⑪ 계속해서 바늘에 실을 걸고 바늘에 걸려 있는 고리 두 개 안으로 빼낸다.

⑫ 한 번 더 바늘에 실을 걸고 바늘에 걸려 있는 고리를 모두 빼낸다. 한길긴뜨기를 1코 뜬 모습.

…› ☆의 상태를 '미완성의 한길긴뜨기'라고 부른다.

⑬ 도안대로 마지막까지 뜬다. 16단을 뜬 모습.

⑭ 계속해서 20단의 마지막 짧은뜨기까지 뜬다.

⑮ 사슬로 이어 돗바늘 마무리를 하고 실을 자른다(P.48의 1-㉕~㉗ 참조). 실 끝을 뜨개조직의 안쪽으로 여러 코 통과시킨 후 남은 실 끝을 자른다.

⑯ 같은 방법으로 한 장 더 뜬다.

3. 엉덩이를 뜹니다

① 양쪽 다리의 뜨기 시작 위치(♥)를 맞춘다. 거기서부터 앞쪽의 5코씩을 서로 맞댄 후 양쪽 뜨개조직 머리의 코에 바늘을 넣는다.

② 실을 걸고 빼뜨기를 5코 떠서 양쪽 다리를 연결한다.

③ 계속해서 왼쪽 다리의 여섯 번째 코에 바늘을 넣어 짧은뜨기를 뜬다.

④ 계속해서 왼쪽 다리에 짧은뜨기를 떠 나간다.

⑤ 앞쪽의 빼뜨기한 위치(① 참조)에 오면 이번에는 오른쪽 다리로 옮겨서 짧은뜨기를 뜬다.

⑥ 그대로 오른쪽 다리의 마지막까지 짧은뜨기를 뜬다.

⑦ 마지막은 왼쪽 다리 첫째 코의 머리에 바늘을 넣고(⑥의 화살표 참조) 빼뜨기를 뜬다. 21단 완성.

⑧ 도안대로 24단까지 뜬 후 마무리한다(P.49의 2-⑮ 참조). 신발 뒷굽, 바지, 엉덩이 완성.

4. 몸통(머리와 조끼)을 이어서 뜹니다

도안대로 45단 뜨고 마무리한다. 실 끝은 약 80cm 남겨둔다. 머리와 조끼 완성.

5. 팔(손과 소매)을 이어서 뜹니다

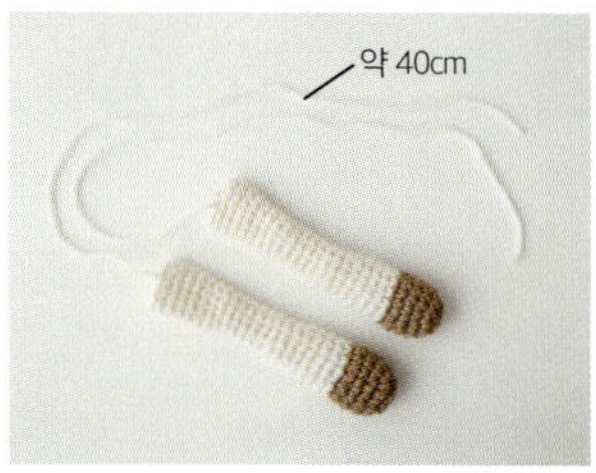

도안대로 26단 뜨고 마무리한다. 실 끝은 약 40cm 남겨둔다. 두 장을 뜨면 손과 소매 완성.

6. 귀를 뜹니다

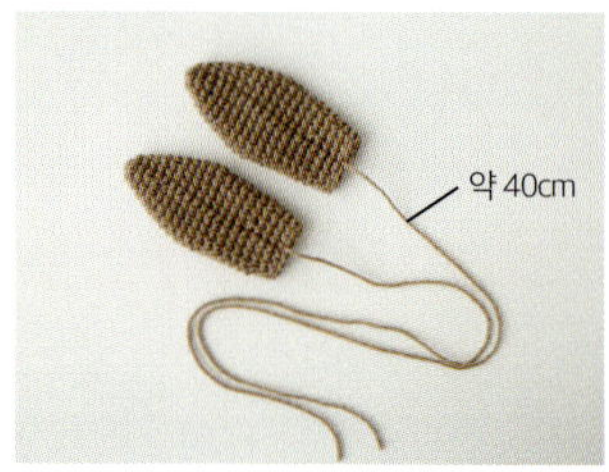

① 도안대로 20단 뜨고 마무리한다. 실 끝은 약 40cm 남겨둔다. 두 장 뜬다.

② 뜨기 시작을 중심으로 해서 두 겹으로 접고, 서로 마주보고 있는 코들끼리(머리 두 가닥씩) 돗바늘로 주워가며 감친다.

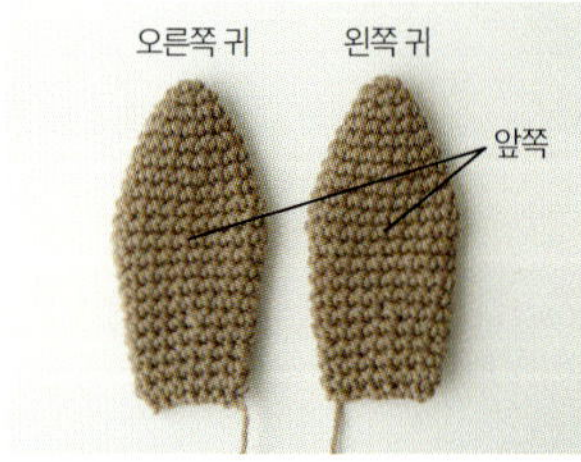

③ 감침질한 실 끝이 안쪽으로 오게 하여 사진처럼 마무리한다.

7. 주둥이를 뜹니다

긴뜨기 2코 늘려뜨기 V

① 도안대로 4단까지 뜬다. 5단은 우선 짧은뜨기를 3코 뜬 후 바늘에 실을 건다.

② 앞 단의 1코에 긴뜨기를 2코 뜬다. '긴뜨기 2코 늘려뜨기'를 뜬 모습.

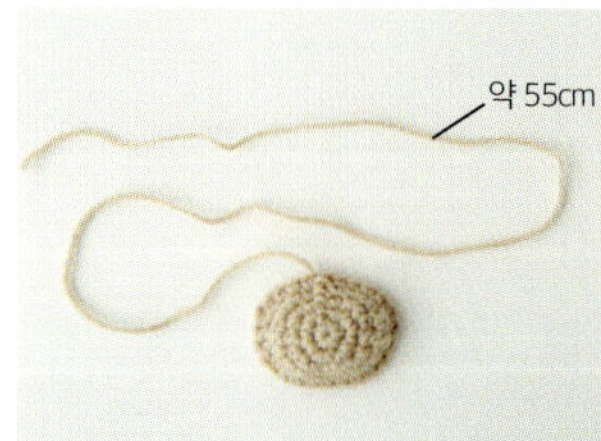

③ 계속해서 5단을 도안대로 마지막까지 뜨고 마무리한다. 실 끝은 약 55cm 남겨둔다. 주둥이 완성.

8. 꼬리를 뜹니다

① 도안대로 5단까지 뜬다.

한길긴뜨기 2코 모아뜨기(기둥코와 한길긴뜨기 1코)

② 6단의 처음은 기둥코 3코를 뜬 후 바늘에 실을 건다.

③ 앞 단 짧은뜨기의 머리에 바늘을 넣고 미완성의 한길긴뜨기(P.49의 2-⑫ 참조)를 뜬다. 한 번 더 바늘에 실을 걸고 바늘에 걸려 있는 고리를 모두 빼낸다.

④ 한길긴뜨기 2코 모아뜨기(기둥코와 한길긴뜨기 1코)를 뜬 모습.

한길긴뜨기 2코 모아뜨기

⑤ 6단의 마지막 2코는 미완성의 한길긴뜨기를 각각 뜬 후, 바늘에 실을 걸어서 한꺼번에 빼낸다.

⑥ '한길긴뜨기 2코 모아뜨기'를 뜬 모습.

⑦ 마지막으로 빼뜨기를 한다. 6단 완성.

⑧ 7단을 도안대로 마지막까지 뜨고 마무리한다. 실 끝은 약 35cm 남겨둔다. 꼬리 완성.

9. 모자를 뜹니다

도안대로 10단 뜨고 마무리한다. 실 끝은 약 45cm 남겨둔다. 모자 완성.

10. 옷깃을 뜹니다

사슬뜨기 기초코

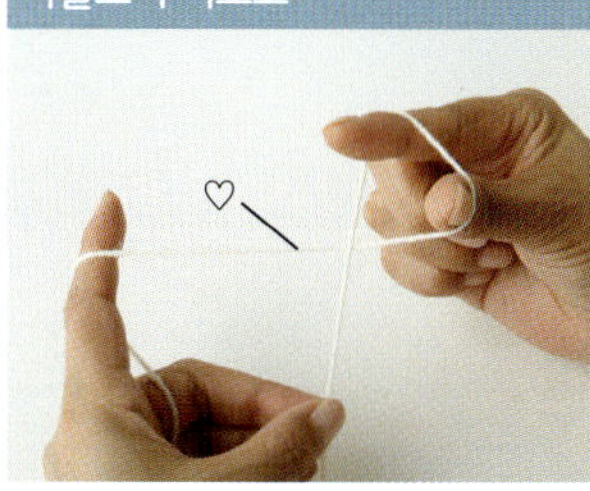

① 사진처럼 실을 양쪽 손가락에 건다.

② 실의 ♡부분을 잡고 오른손의 고리 안으로 잡아당긴다.

③ ②에서 생긴 고리를 바늘에 걸고 실을 조인다. 첫코의 완성(이 코는 1코로 세지 않는다).

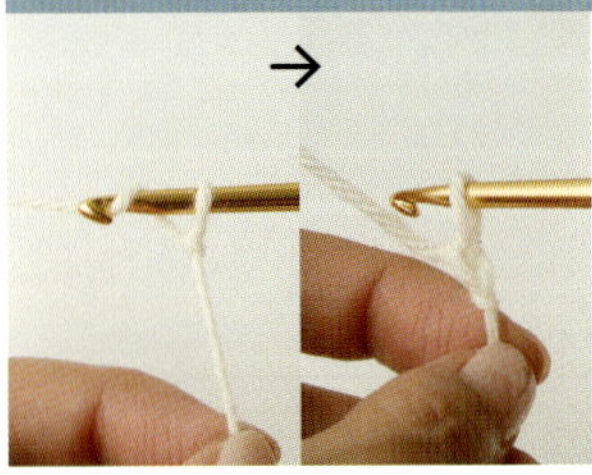

④ 바늘에 실을 걸어서 빼낸다. 사슬 1코를 뜬 모습.

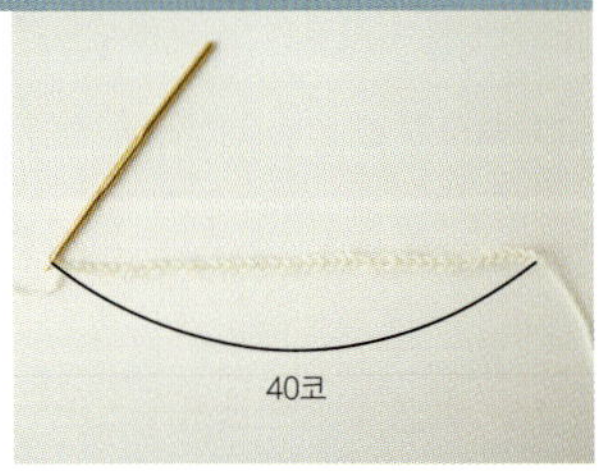

⑤ ④를 반복해서 사슬을 모두 40코 뜬다. 이것이 기초코가 된다.

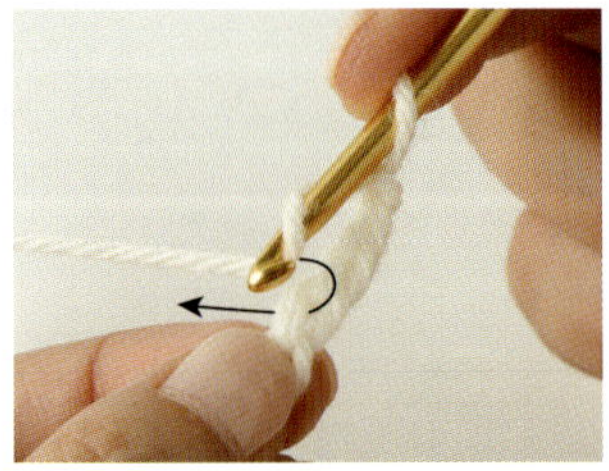

⑥ 계속해서 기둥코 2코를 뜬다. 바늘에 실을 걸고 네 번째 사슬의 사슬코 산(P.95 참조)에 바늘을 넣는다.

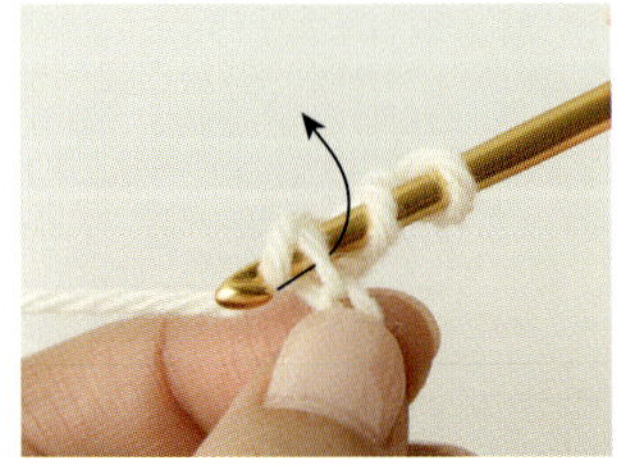

⑦ 실을 걸어서 끌어낸다.

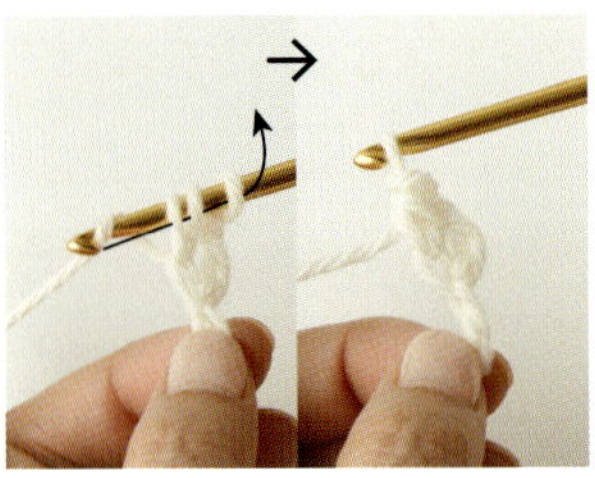

⑧ 바늘에 실을 건 후 긴뜨기를 뜬다.

⑨ 계속해서 도안대로 첫째 단을 뜬다. 1단 완성.

⑩ 화살표 방향대로 뜨개조직을 돌려서 뜨개조직의 좌우를 뒤집는다.

⑪ 2단은 우선 기둥코 3코를 뜬다.

⑫ 앞 단의 2번째~4번째 코에 각각 미완성의 한길긴뜨기(P.49의 2-⑫ 참조)를 뜬 후, 바늘에 실을 걸어서 한꺼번에 빼낸다.

⑬ '한길긴뜨기 3코 모아뜨기'를 뜬 모습.

⑭ 마지막 1코만 남을 때까지 도안대로 계속 뜬다.

⑮ 마지막 코는 앞 단 기둥코 두 번째 사슬의 머리 두 가닥에 바늘을 넣고 한길긴뜨기를 뜬다.

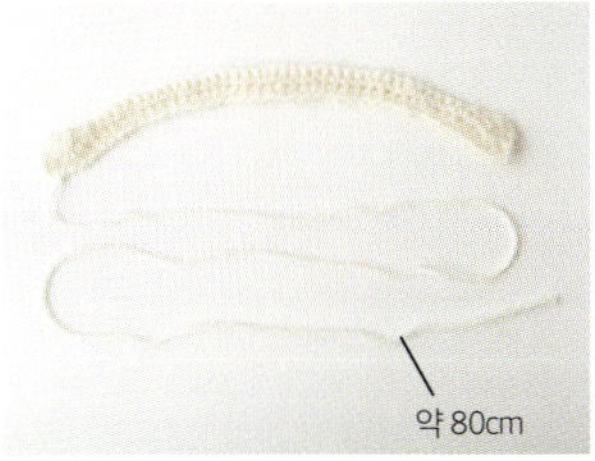

⑯ 실 끝을 약 80cm 남긴 후 실을 잘라 마무리한다. 옷깃 완성.

11. 리본 타이를 뜹니다

사슬 20코로 기초코를 만든 후 도안대로 2단 뜨고 마무리한다. 리본 타이 완성.

12. 눈을 만듭니다

① 도안대로 펠트지를 자른 후 펠트지의 옆면(단면)에 수예용 올풀림 방지액을 빙 둘러 바르고 말린다.

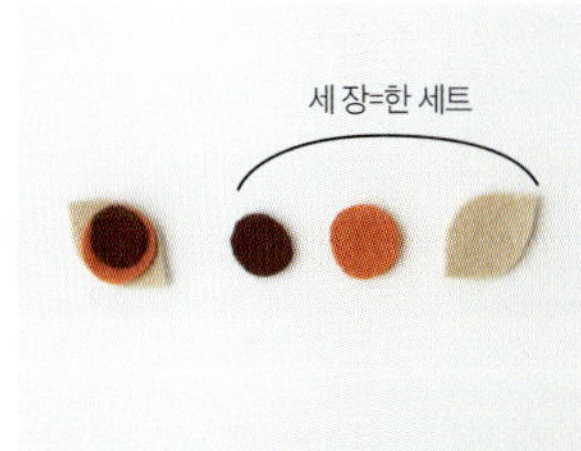

② 펠트지의 뒷면에 목공용 본드를 얇게 펴 바른다. 사진처럼 세 장을 겹쳐 붙인 다음 완전히 말린다. 이렇게 두 세트 만든다.

13. 솜을 넣습니다

① 큰 부분은 인형솜을 손으로 뜯어서 넣는다(솜 넣는 방법은 P.38 참조).

② 좁은 부분은 긴 젓가락으로 넣는다(솜 넣는 방법은 P.38 참조).

③ 손으로 고르게 매만져서 형태를 정돈한다.

14. 몸통을 연결합니다

① 조끼(머리, 조끼 부분)와 엉덩이(신발 뒷굽, 바지, 엉덩이)의 끝 단을 맞대어 서로 마주보고 있는 코들끼리(머리 두 가닥씩) 감침질로 연결한다.

② 전체의 5분의 4 정도를 연결한 다음 몸통의 틈으로 솜을 조금씩 더 채워 넣어 형태를 정돈한다.

③ 끝까지 연결한 다음 돗바늘을 뜨개조직에 몇 코 통과시켜서 실이 눈에 잘 띄지 않게 한 후, 뜨개코의 틈에서 돗바늘을 빼낸다.

④ 실을 감아 매듭을 짓는다. 이를 두세 번 반복한다.

⑤ ③에서 돗바늘을 빼냈던 뜨개코의 틈에 돗바늘을 다시 넣고, ④의 매듭을 안쪽으로 감춘다. 계속해서 약간 떨어진 위치에서 돗바늘을 빼낸 후 뜨개조직 사이로 실을 잡아당기면서 바싹 자른다.

15. 마무리합니다

주둥이

주둥이에 솜을 조금 넣고 시침핀으로 얼굴에 임시 고정한다. 남겨놓은 실을 사용해서 감침질로 연결한다.

▼

귀에 와이어를 넣는다면?

P.50의 6-③에서 끝 단 부분을 꿰매기 전에 사진처럼 알루미늄 와이어를 반으로 구부려 귀 안에 넣는다. 와이어의 한쪽 끝(안쪽)은 사진처럼 구부리고 바깥쪽은 머리에 끼워 넣을 수 있게 길게 빼놓은 상태에서 뜨개조직의 가장자리를 감친다. 머리에 다는 방법은 P.45와 동일.

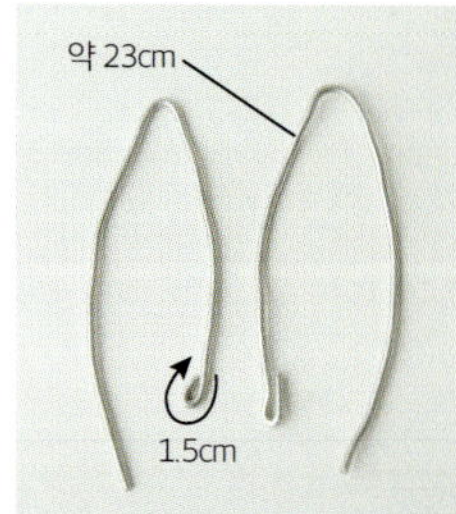

▼

귀

머리에 '\ /' 모양이 되도록 꿰매어 단다.

모자

귀를 달고 얼굴을 마무리한 후 머리에 꿰매어 단다.

꼬리

꼬리에 솜을 조금 넣고 기둥코 위치가 아래를 향하도록 꿰매어 단다.

입 수놓는 방법

1. 매듭을 지은 실을 돗바늘에 꿰고, 눈에 잘 띄지 않는 위치에 바늘을 넣는다. 1 빼기, 2 넣기, 3 빼기의 순서로 바늘을 넣었다 빼며 코끝의 V자를 만든다.

▼

2. 사진처럼 입의 한가운데가 될 위치에 바늘을 넣고 오른쪽 끝에서 바늘을 뺀다.

▼

3. 코끝에서 입의 한가운데에 걸쳐진 실(★) 사이로 바늘을 통과시킨 후, 입의 왼쪽 끝에 바늘을 넣는다. 형태를 정돈하고 나서 실을 정리한다.

신발 앞부분

신발 앞부분이 정면을 향하도록 놓은 후 신발 뒷굽에 꿰매어 단다.

손가락 모양 수놓기

멜란지 레드 실로 세 줄 수놓는다(스트레이트 스티치).

16. 소품을 만듭니다

P.44를 참조하여 안경과 지팡이, P.45를 참조하여 신문을 만든다.

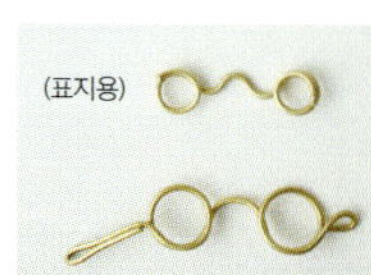

안경

신문

지팡이

이 책의 작품에 사용한 실

1. 스펙터 모뎀(리치모어)
가볍고 부드러우며 보풀이 잘 생기지 않는 기본적인 울 소재의 털실. 부드럽고 뜨기 쉬운 것이 장점이다. 1볼 40g(약 80m), 50색.

2. 엑시드 울 L : 병태사(하마나카 뜨개실)
소품에서부터 의류까지 폭넓게 사용되는 병태 타입의 털실. 엑스트라 파인 메리노 100%. 1볼 40g(약 80m), 39색.

3. 아멜리(하마나카 뜨개실)
탄력성과 보온성이 우수한 뜨개실. 뉴질랜드 메리노 70%, 아크릴 30%. 1볼 40g(약 110cm), 38색.

4. 퍼센트(리치모어)
풍부한 색상을 자랑하는 울 100%의 털실. 다양한 색의 모티브 뜨기나 배색뜨기를 할 때 사용한다. 1볼 40g(약 120m), 100색.

5. 다이아에포카(다이아몬드 털실)
매끄럽고 부드러운 촉감을 지닌 메리노 울 100%의 털실. 적당한 탄력을 지닌, 부드럽고 뜨기 쉬운 병태 타입. 1볼 40g(약 81m), 40색.

빵집 당나귀 로베르

| 작품 | p.6

재료 및 도구

실

다이아몬드 다이아에포카
멜란지 그레이(357) 26g, 옐로 베이지(353) 12g, 다크 멜란지 그레이(358) 9g, 베이지 그레이(370) 8g, 브라운(351) 7g, 다크 브라운(350) 4g, 크림(354) 2g, 골드(305) 2g

바늘

코바늘 6/0호(3.5mm)

부재료

인형솜 약 20g, 방울솜 적당량, 펠트지(화이트·블랙) 각 4cm×2cm, 펠트지(레드) 6.7cm×0.6cm, 목공용 본드, 수예용 올풀림 방지액

완성 사이즈

전체 길이 24cm

뜨는 방법

1. 각 부분을 뜨고 솜을 넣습니다

각 부분을 모두 뜹니다. 머리(코끝, 얼굴), 팔(발굽·손·소매), 다리(장화·무릎·바지)의 끝부분, 바지의 엉덩이에는 인형솜을 빈틈없이 넣고, 몸통에는 방울솜을 넣습니다.

2. 모든 부분을 연결합니다

머리와 뒤통수를 감침질로 연결하고 이어서 몸통을 감침질로 연결합니다. 몸통에 팔, 다리, 꼬리를 꿰매어 달고, 머리에 귀, 갈기, 챙모자를 꿰매어 답니다. 각 부분은 시침핀으로 임시 고정한 후, 조금씩 위치를 바꿔가면서 적당한 위치를 정합니다.

포인트 갈기와 꼬리의 실 끝은 언밸런스하게 자르고 손으로 꼬임을 풀어 자연스럽게 마무리합니다.

3. 마무리합니다

얼굴에 눈과 입을 붙이고 코끝에 수를 놓습니다. 목에 스카프를 두르고 꿰매어 고정합니다.

팔 2장

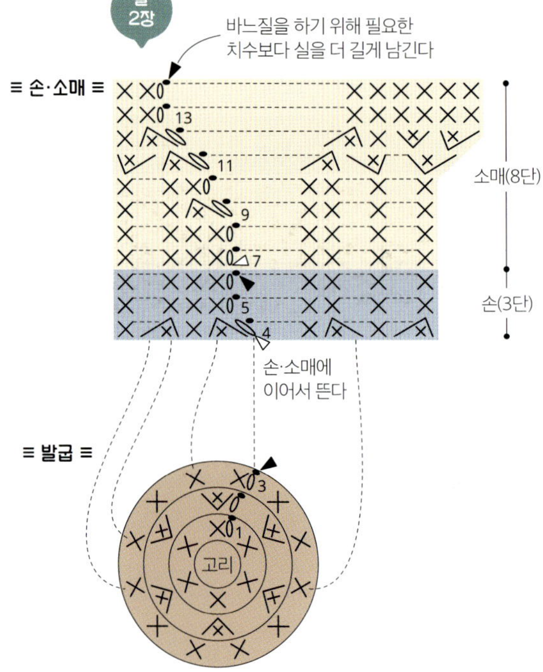

발굽·손·소매

	단수	콧수	
소매(옐로 베이지)	12~14	8	
	11	8	(+1코)
	10	7	
	9	7	(-1코)
	8	8	
	7	8	
손(멜란지 그레이)	5~6	8	
	4	8	(-4코)
발굽(브라운)	3	12	
	2	12	(+6코)
	1	6	

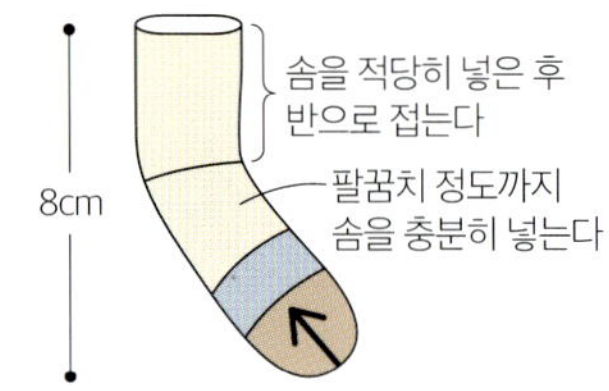

다리 2장

◁ = 실을 잇는다
◀ = 실을 자른다

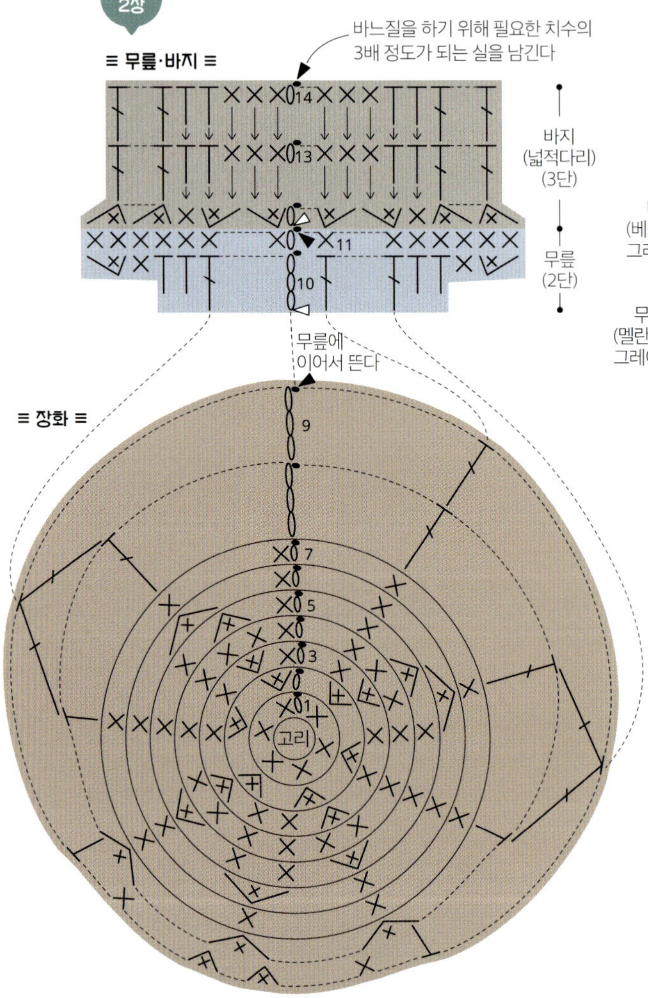

장화·무릎·바지

	단수	콧수	
바지(베이지 그레이)	13~14	14	
	12	14	
무릎(멜란지 그레이)	11	14	
	10	14	(+2코)
장화(다크 브라운)	9	12	
	8	12	(+3코)
	7	9	
	6	9	(-3코)
	5	12	(-4코)
	4	16	
	3	16	(+4코)
	2	12	(+6코)
	1	6	

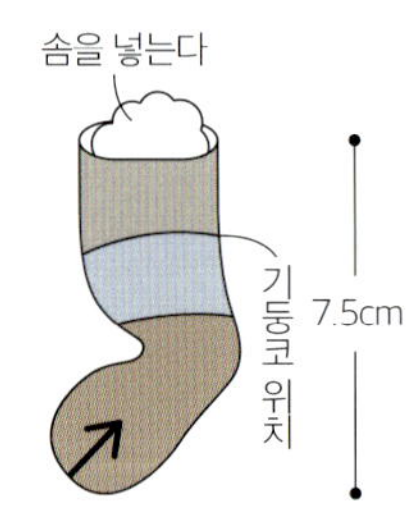

머리 1장

≡ 코끝·얼굴 ≡

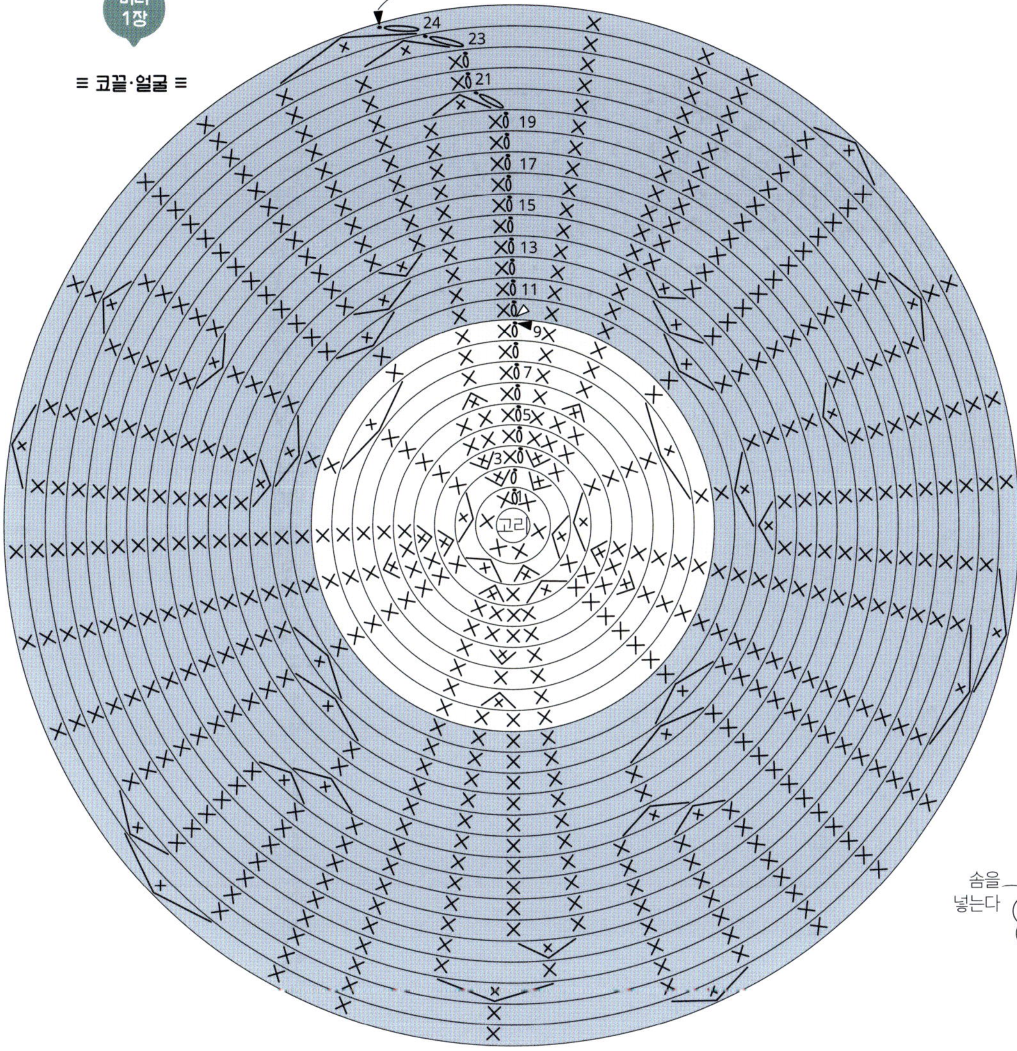

코끝·얼굴

구분	단수	콧수	
얼굴 (멜란지 그레이)	24	24	(-6코)
	23	30	(-3코)
	22	33	(-3코)
	21	36	
	20	36	(-2코)
	17~19	38	
	16	38	(+4코)
	15	34	(+2코)
	14	32	
	13	32	(+2코)
	12	30	(+6코)
	11	24	(+6코)
	10	18	
코끝 (크림)	9	18	
	8	18	(+3코)
	7	15	
	6	15	(-5코)
	5	20	
	4	20	(+2코)
	3	18	(+6코)
	2	12	(+6코)
	1	6	

◁ = 실을 잇는다
◀ = 실을 자른다

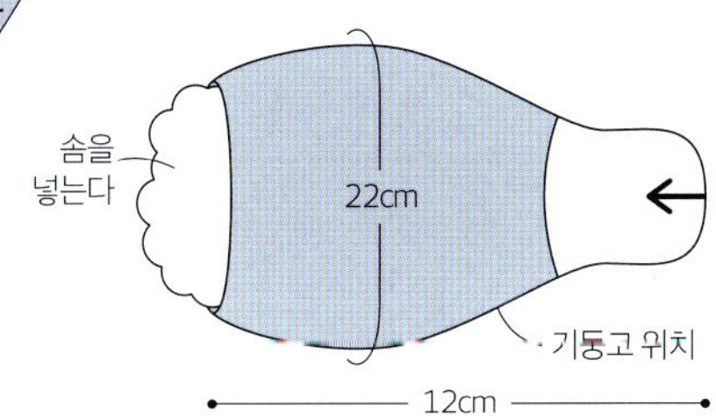

귀 2장

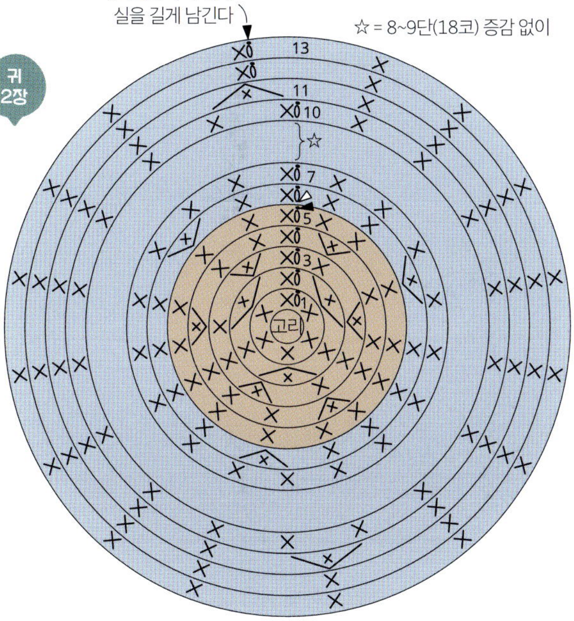

귀

구분	단수	콧수	
(멜란지 그레이)	12~13	16	
	11	16	(-2코)
	7~10	18	
	6	18	(+3코)
(브라운)	5	15	
	4	15	단마다 (+3코)
	3	12	
	2	9	
	1	6	

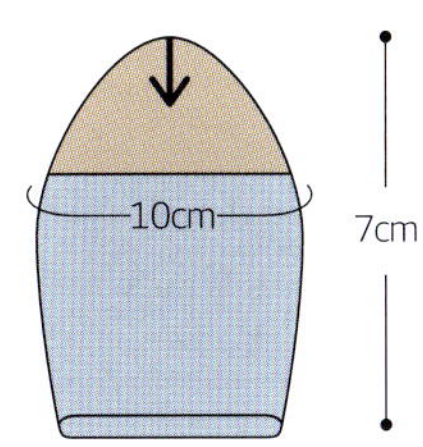

기둥코 위치를 뒤 중심으로 해서 반으로 접는다

뒤통수 1장

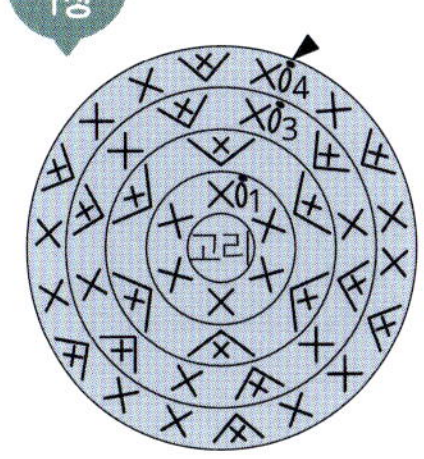

뒤통수(멜란지 그레이)

단수	콧수	
4	24	단마다 (+6코)
3	18	
2	12	
1	6	

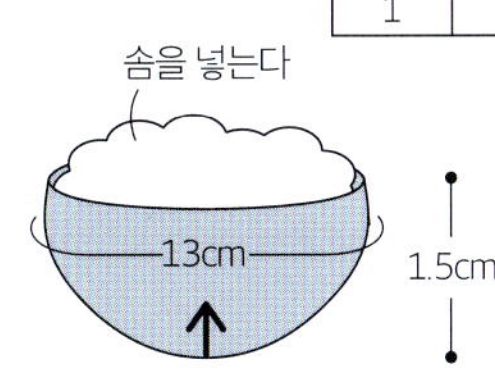

≡ 엉덩이·몸판 ≡

몸통 1장

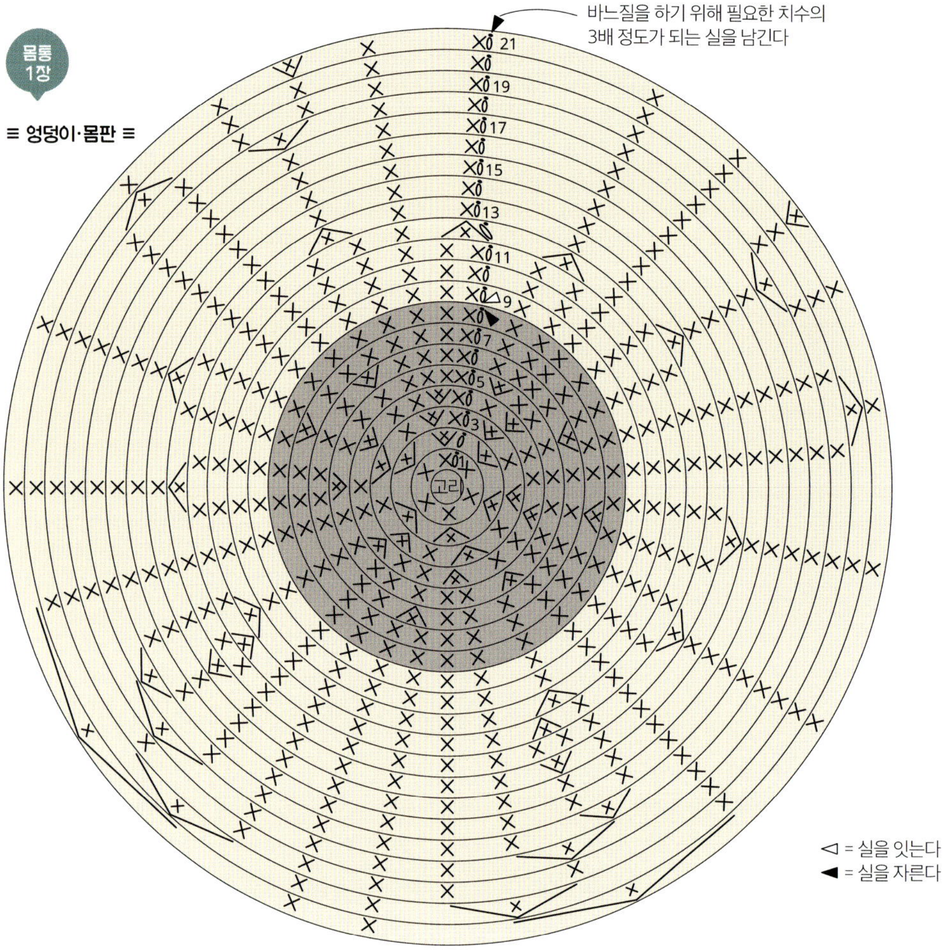

엉덩이·몸판

	단수	콧수	
몸판 (옐로 베이지)	21	20	
	20	20	(-4코)
	18~19	24	
	17	24	(-2코)
	15~16	26	
	14	26	(-4코)
	13	30	(-4코)
	12	34	
	11	34	(+2코)
	9~10	32	
엉덩이 (베이지 그레이)	8	32	
	7	32	(+2코)
	6	30	(+3코)
	5	27	(+3코)
	4	24	단마다 (+6코)
	3	18	
	2	12	
	1	6	

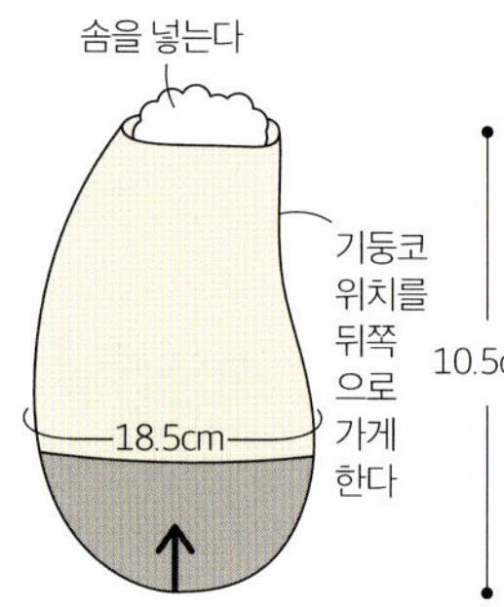

꼬리 (멜란지 그레이)

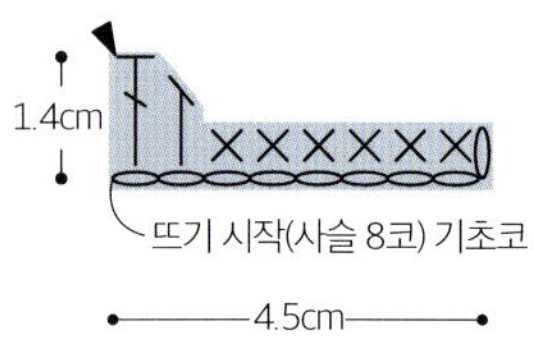

챙모자 1장

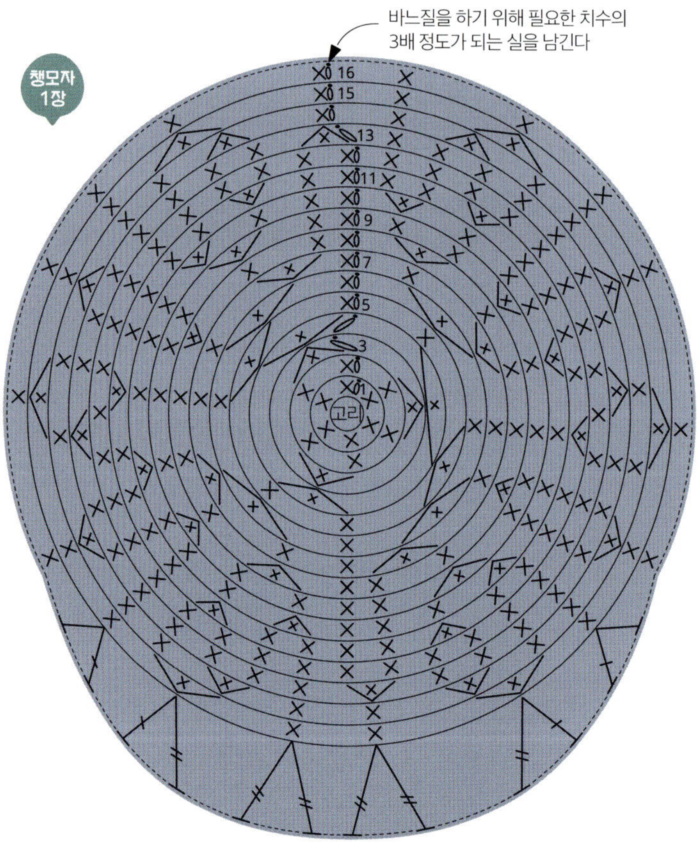

챙모자(다크 멜란지 그레이)

단수	콧수	
16	24	(+6코)
15	18	(-6코)
14	24	(-8코)
13	32	(-4코)
12	36	
11	36	(+6코)
10	30	(+6코)
9	24	단마다 (+4코)
8	20	
7	16	
6	12	
5	8	(+2코)
4	6	(+3코)
3	3	(-3코)
2	6	
1	6	

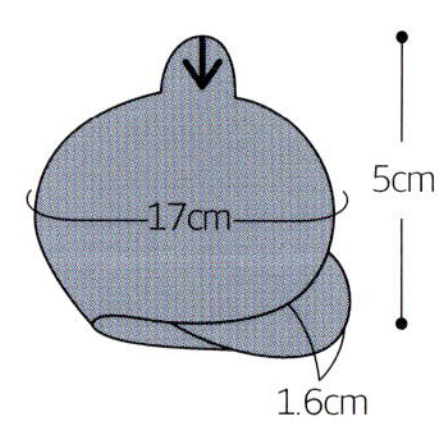

스카프
(골드)
1장

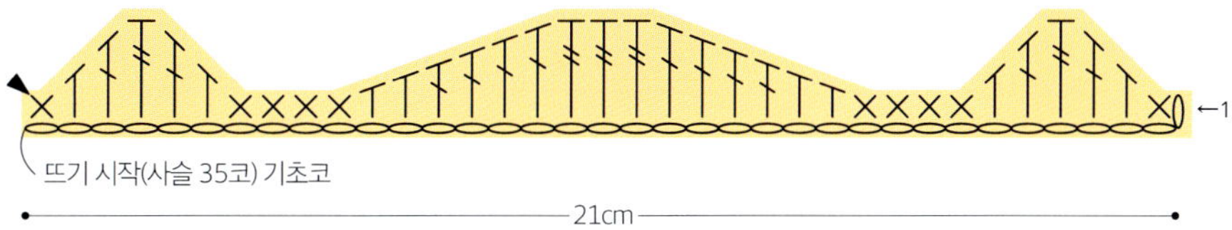

마무리하기(왼쪽)

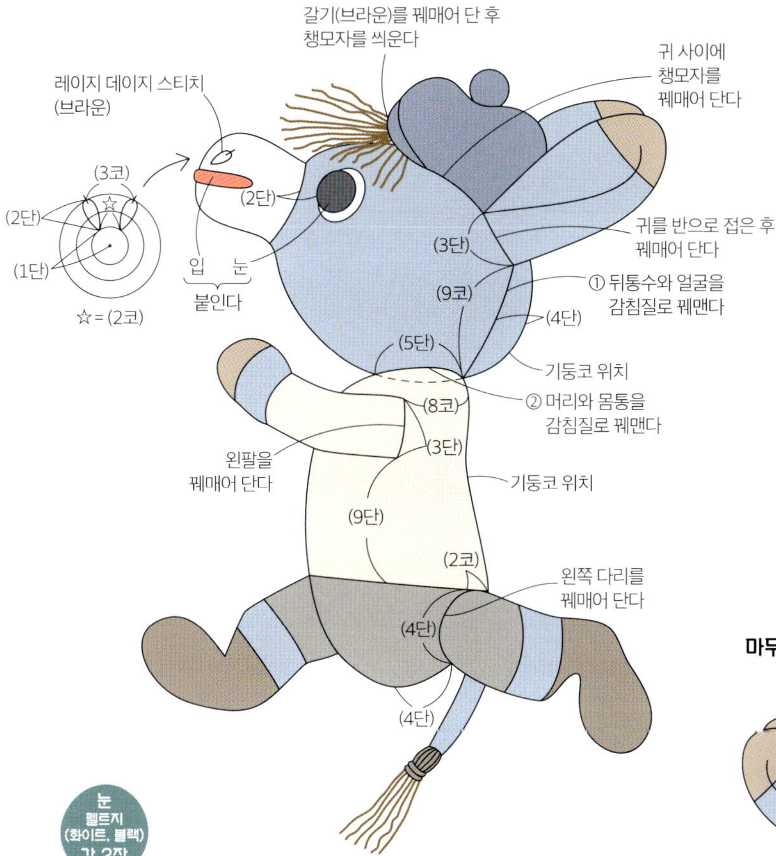

≡ 갈기 만드는 방법 ≡

입
펠트지(레드)
1장

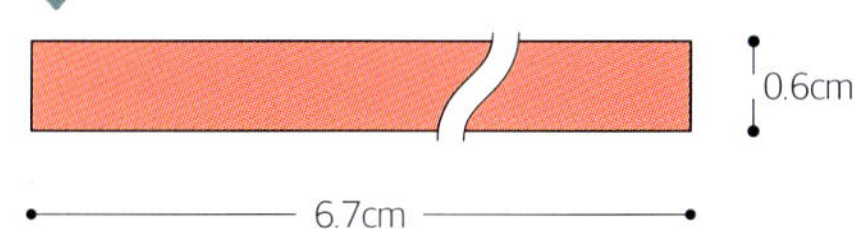

마무리하기(오른쪽)

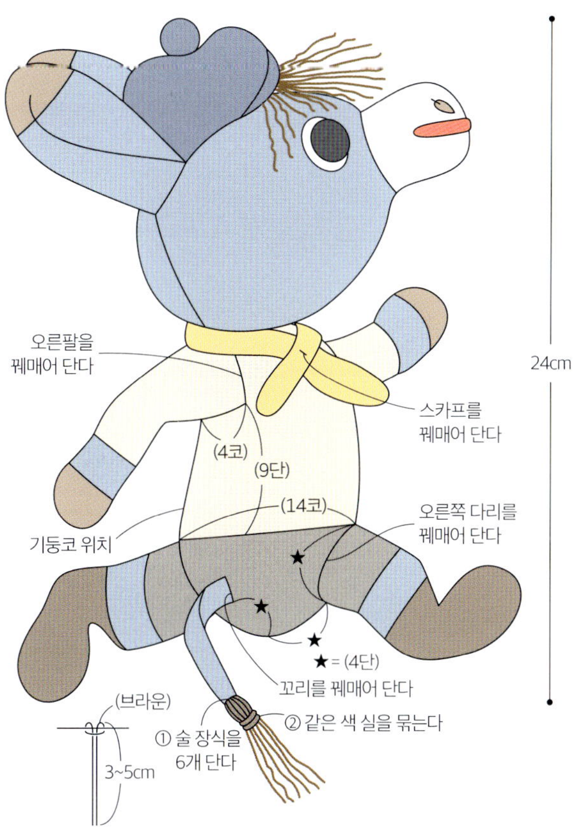

눈
펠트지
(화이트, 블랙)
각 2장

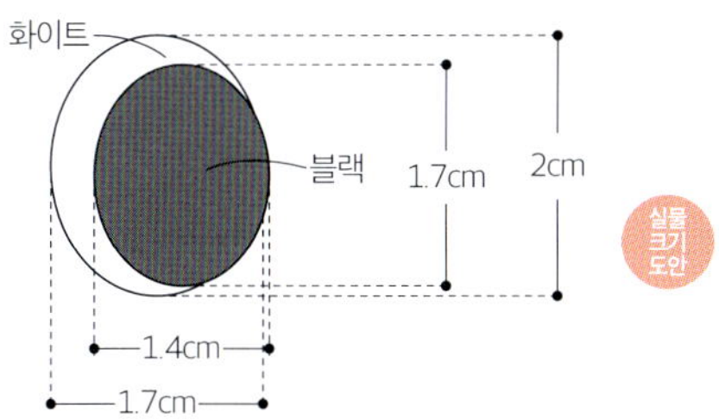

수놓는 방법

레이지 데이지 스티치

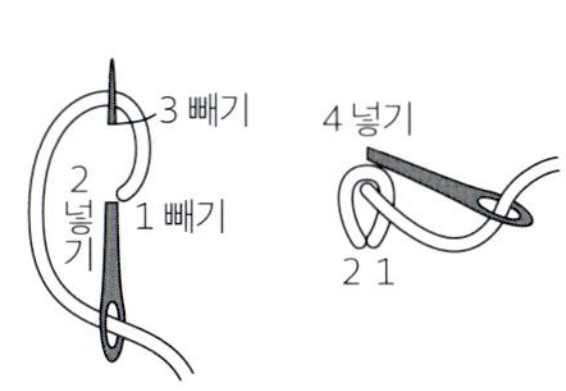

오빠 에밀

| 작품 | p.8

재료 및 도구

실

리치모어 퍼센트

베이지 그레이(124) 19g, 네이비 블루(47) 16g, 멜란지 브라운(125) 9g, 블랙(90) 3g, 화이트(1) 1g, 다크 그레이(122) 1g

바늘

코바늘 5/0호(3mm)

부재료

인형솜 약 20g, 방울솜 적당량, 펠트지(화이트·블랙) 각 4cm×3cm, 목공용 본드, 수예용 올풀림 방지액

완성 사이즈

전체 길이 28cm

뜨는 방법

1. 각 부분을 뜨고 솜을 넣습니다

몸통은 머리와 몸판을 이어서 뜬 후 솜을 넣습니다. 팔(손·소매), 다리(부츠·양말·무릎·바지), 엉덩이, 꼬리에는 솜을 넣고, 주둥이에는 같은 색 실을 넣습니다. 그 외에는 솜을 넣을 필요가 없습니다.

포인트 **인형솜에 방울솜을 섞으면 부드럽게 마무리할 수 있습니다.**

2. 모든 부분을 연결합니다

몸통과 엉덩이를 감침질로 연결합니다. 얼굴의 각 부분들, 팔, 다리, 꼬리는 시침핀으로 임시 고정한 후, 적당한 위치에 각 부분을 을 떴던 실과 같은 색 실로 꿰매어 답니다.

3. 마무리합니다

얼굴에 눈 바탕을 꿰매어 달고 눈썹을 수놓습니다. 눈과 코를 붙이고 옷깃을 꿰매어 답니다.

팔 2장

≡ 손·소매 ≡

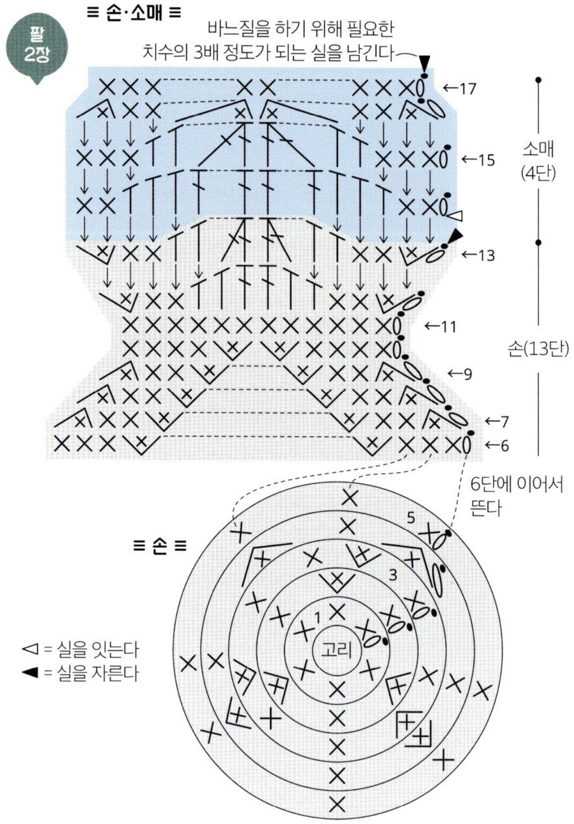

손·소매

부분	단수	콧수	
소매(네이비 블루)	17	8	
	16	8	(-4코)
	15	12	(-2코)
	14	14	
손(베이지 그레이)	13	14	
	12	14	(+2코)
	11	12	
	10	12	(+2코)
	7~9	10	
	6	10	(+2코)
	5	8	
	4	8	(-4코)
	3	12	(+3코)
	2	9	(+3코)
	1	6	

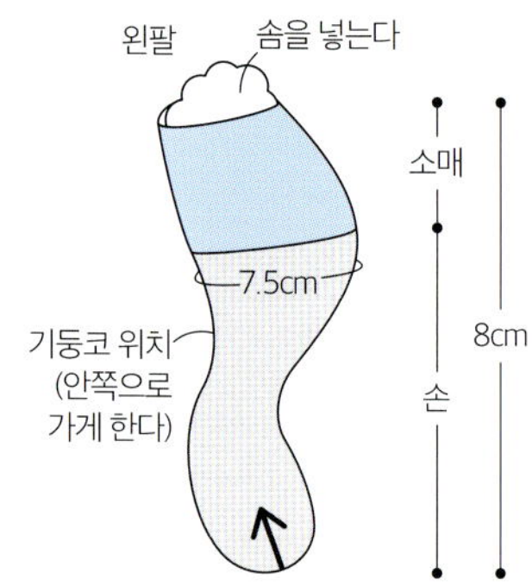

다리 2장

≡ 무릎·바지 ≡

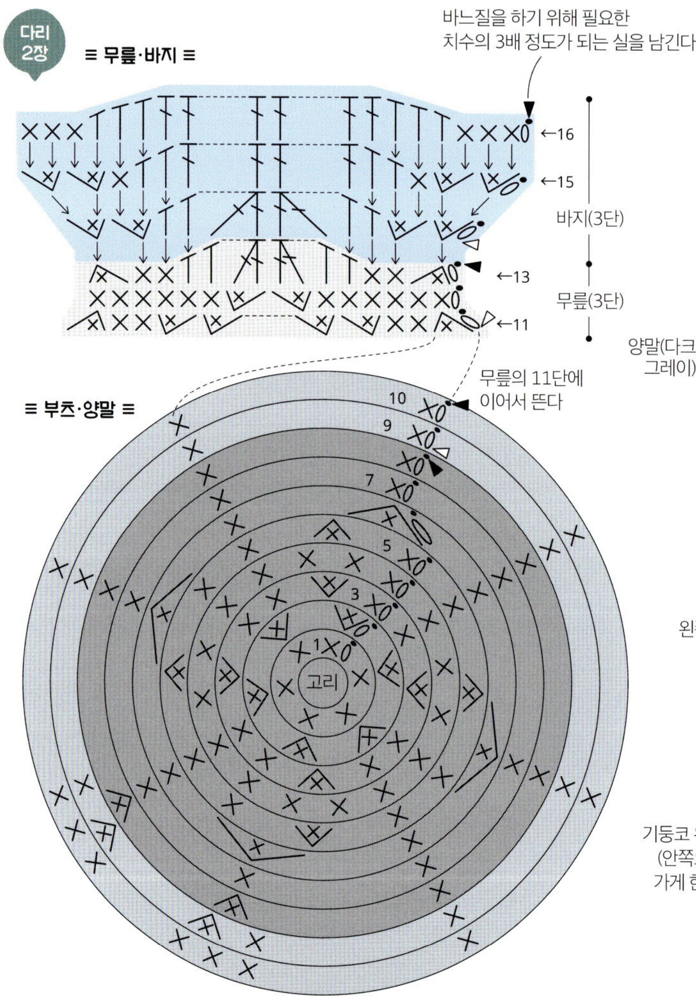

부츠·양말, 무릎·바지

부분	단수	콧수	
바지(네이비 블루)	16	18	
	15	18	(+4코)
	14	14	(+2코)
무릎(베이지 그레이)	13	12	(-4코)
	12	16	(+2코)
	11	14	(+2코)
양말(다크 그레이)	10	12	
	9	12	(+2코)
부츠(블랙)	8	10	(+2코)
	7	8	
	6	8	(-4코)
	5	12	(-4코)
	4	16	
	3	16	(+4코)
	2	12	(+6코)
	1	6	

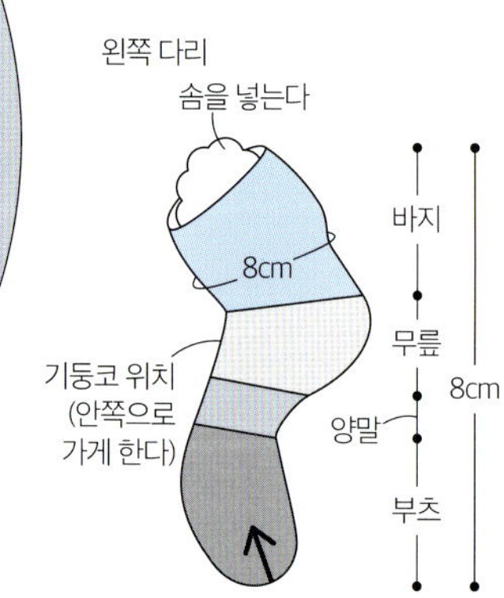

몸통 1장

≡ 몸판 ≡

바느질을 하기 위해 필요한 치수의 3배 정도가 되는 실을 남긴다

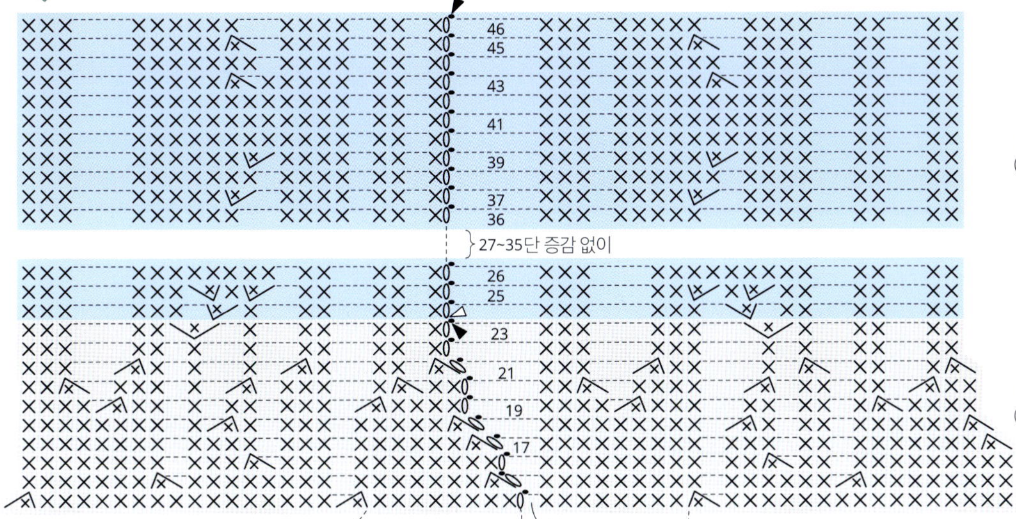

≡ 머리 ≡

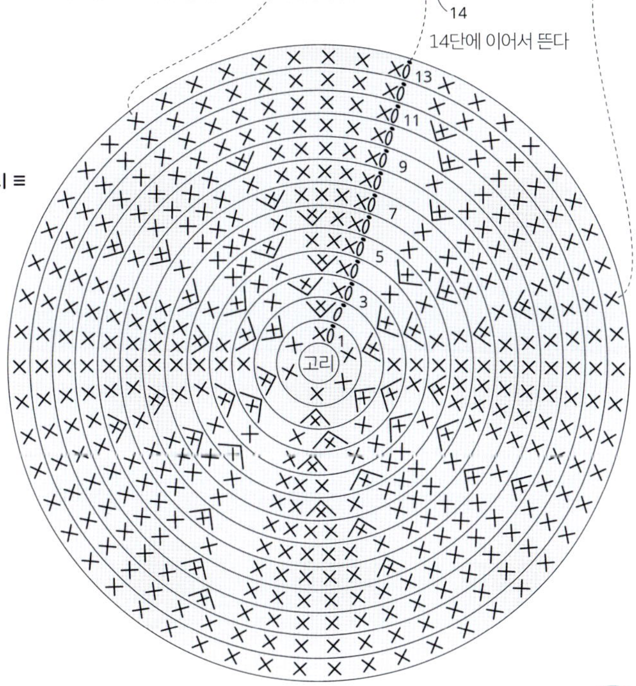

◁ = 실을 잇는다
◀ = 실을 자른다

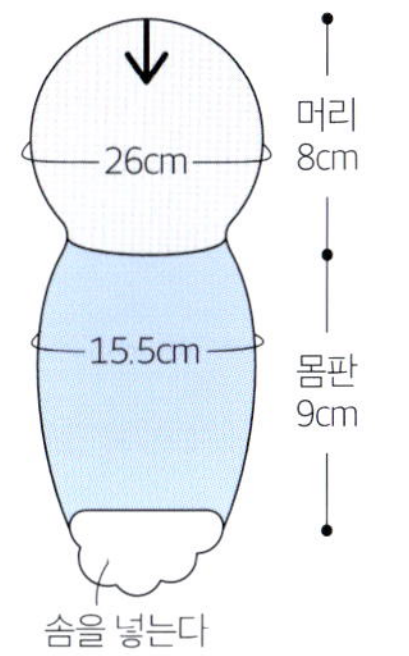

몸판(네이비 블루)

단수	콧수	
46	32	
45	32	(-2코)
44	34	
43	34	(-2코)
40~42	36	
39	36	(+2코)
38	34	
37	34	(+2코)
27~36	32	
26	32	
25	32	(+4코)
24	28	(+2코)

머리(베이지 그레이)

단수	콧수	
23	26	(+2코)
22	24	
21	24	(-6코)
20	30	(-6코)
19	36	(-4코)
18	40	(-4코)
17	44	(-2코)
16	46	(-2코)
15	48	(-3코)
14	51	(-3코)
12~13	54	
11	54	(+2코)
10	52	단마다 (+4코)
9	48	
8	44	
7	40	
6	36	단마다 (+6코)
5	30	
4	24	
3	18	
2	12	
1	6	

귀(멜란지 브라운)

단수	콧수	
9	15	(-3코)
8	18	
7	18	(+3코)
6	15	
5	15	단마다 (+3코)
4	12	
3	9	
1~2	6	

엉덩이 1장

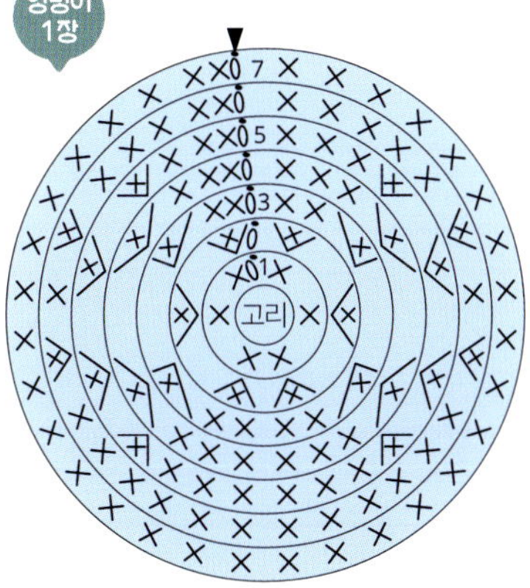

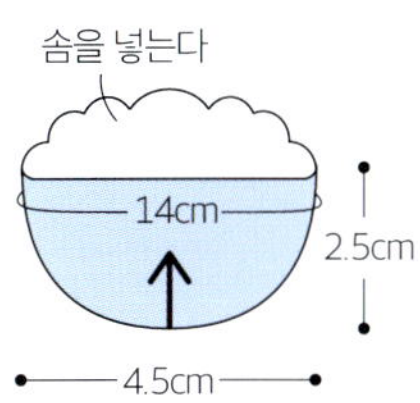

엉덩이(네이비 블루)

단수	콧수	
7	32	
6	32	(+4코)
5	28	(+8코)
4	20	(+4코)
3	16	(+4코)
2	12	(+6코)
1	6	

귀 2장

바느질을 하기 위해 필요한 치수의 3배 정도가 되는 실을 남긴다

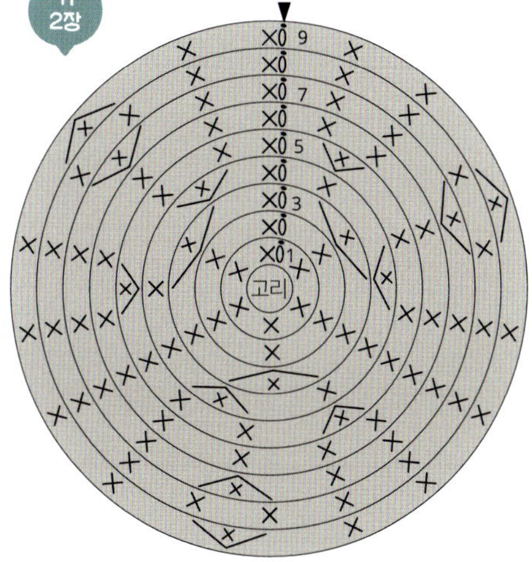

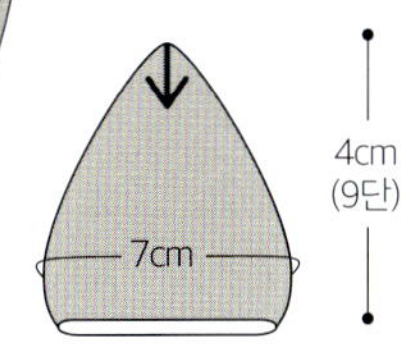

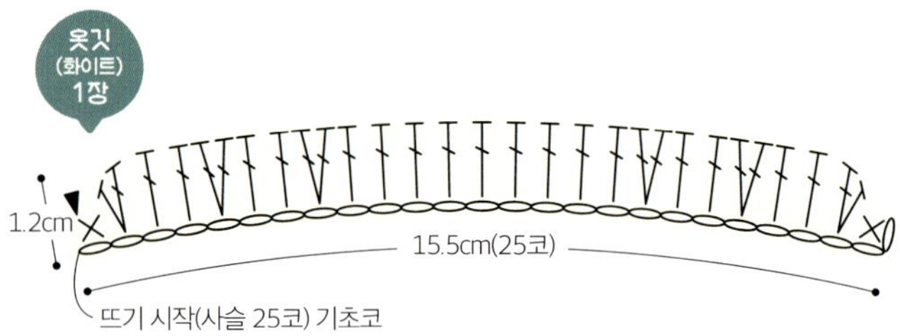

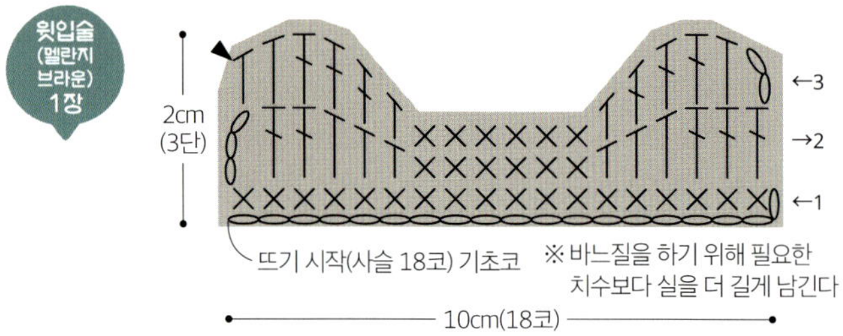

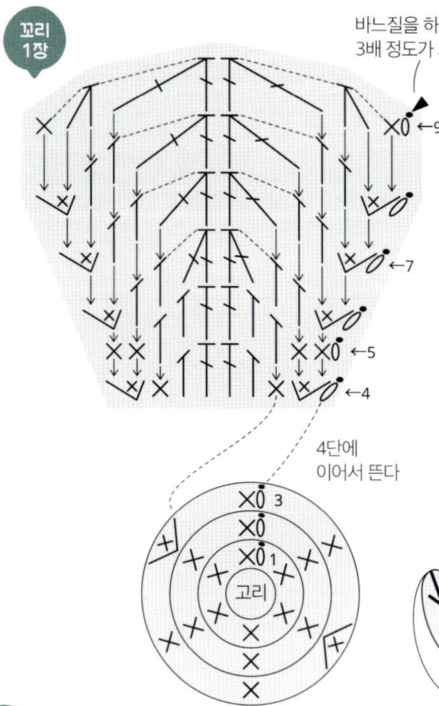

꼬리(베이지 그레이)

단수	콧수	
9	6	(-4코)
8	10	
7	10	
6	10	
5	10	
4	10	(+2코)
3	8	(+2코)
1~2	6	

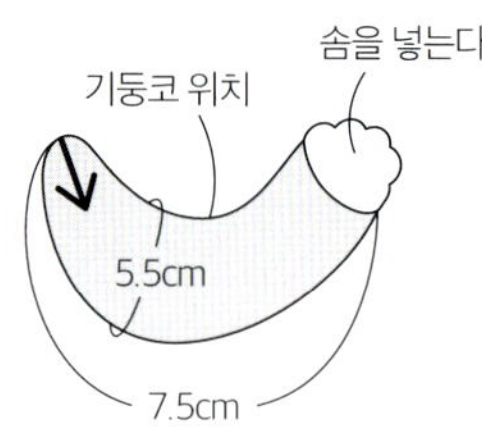

◄ = 실을 자른다

주둥이(멜란지 브라운)

단수	콧수	
4	20	(+2코)
3	18	(+6코)
2	12	(+6코)
1	6	

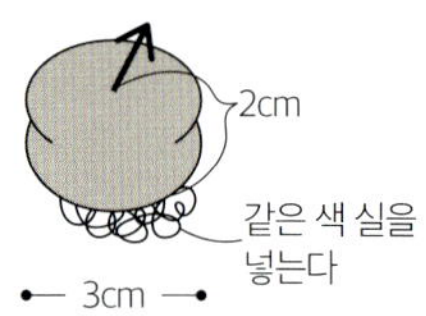

눈 바탕(멜란지 브라운)

단수	콧수	
2	12	(+6코)
1	6	

마무리하기

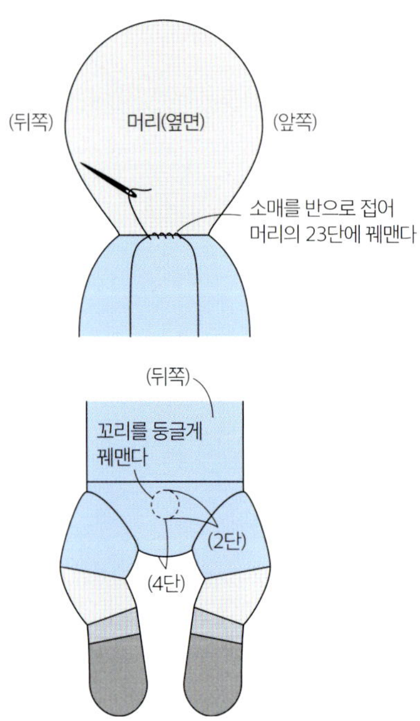

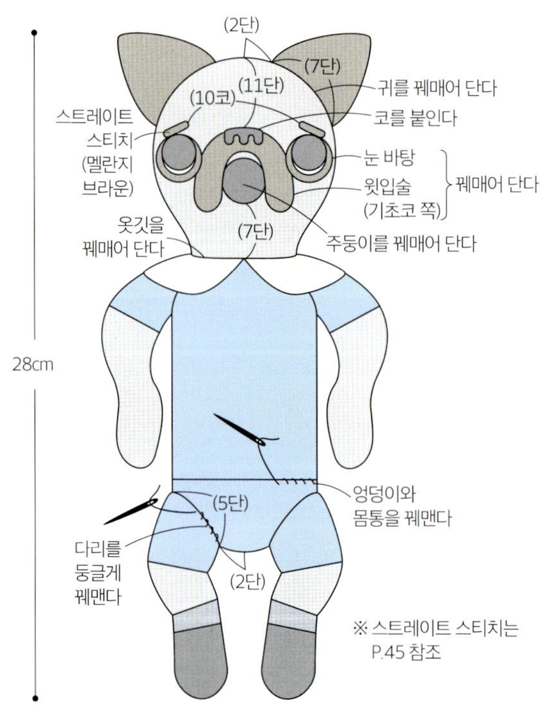

※스트레이트 스티치는 P.45 참조

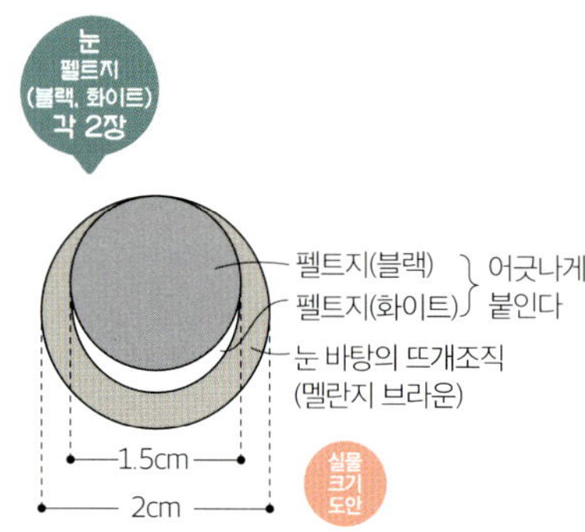

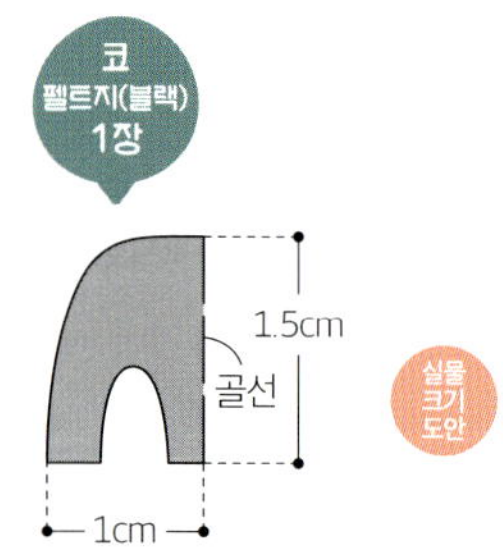

여동생 조젯

| 작품 | p.8

재료 및 도구

실

리치모어 퍼센트

베이지(84) 14g, 다크 그레이(122) 14g, 화이트(1) 11g, 멜란지 브라운(125) 7g, 블랙(90) 3g

바늘

코바늘 5/0호(3mm)

부재료

인형솜 약 20g, 방울솜 적당량, 펠트지(화이트·블랙) 각 4cm×3cm, 목공용 본드, 수예용 올풀림 방지액

완성 사이즈

전체 길이 24cm

뜨는 방법

1. 각 부분을 뜨고 솜을 넣습니다

몸통은 머리, 몸판, 스커트, 속치마를 이어서 뜬 후, 머리부터 몸판까지 솜을 넣습니다. 팔(손·소매), 다리(부츠·무릎·속바지 2단), 속바지(엉덩이)에는 솜을 넣고, 주둥이와 꼬리에는 같은 색 실을 넣습니다.

포인트 인형솜에 방울솜을 섞으면 부드럽게 마무리할 수 있습니다.

2. 모든 부분을 연결합니다

몸통과 속바지(엉덩이)를 감침질로 연결합니다. 팔, 다리, 얼굴, 꼬리는 시침핀으로 임시 고정한 후, 적당한 위치에 각각의 남겨놓은 실로 연결합니다.

포인트 속바지를 스커트에 연결할 때 스커트와 같은 색 실(다크 그레이)을 사용하면 연결코가 눈에 잘 띄지 않습니다.

3. 마무리합니다

얼굴에 눈 바탕을 꿰매어 달고 눈썹을 수놓습니다. 눈과 코를 붙이고 옷깃을 꿰매어 답니다.

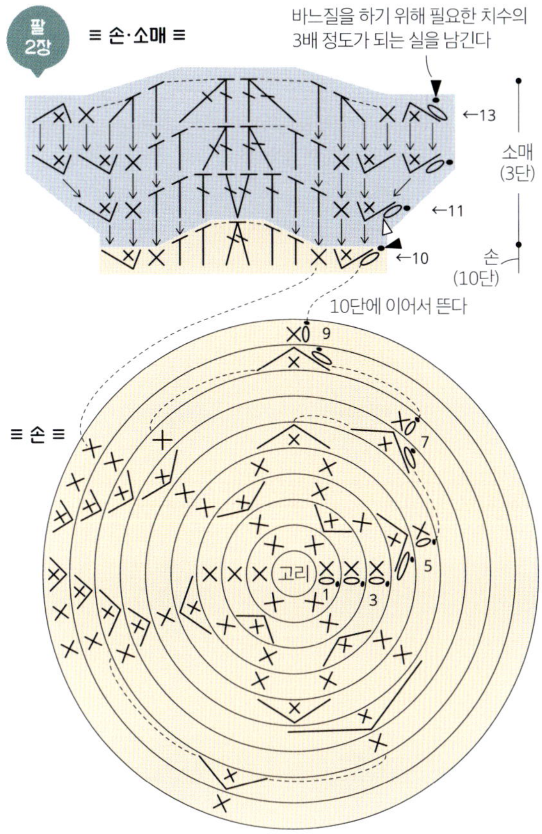

손·소매

	단수	콧수	
소매 (다크 그레이)	13	10	(-6코)
	12	16	(+2코)
	11	14	(+3코)
손 (베이지)	10	11	(+1코)
	9	10	(+2코)
	8	8	
	7	8	(+2코)
	6	6	
	5	6	(-2코)
	4	8	(-2코)
	3	10	(+2코)
	2	8	(+2코)
	1	6	

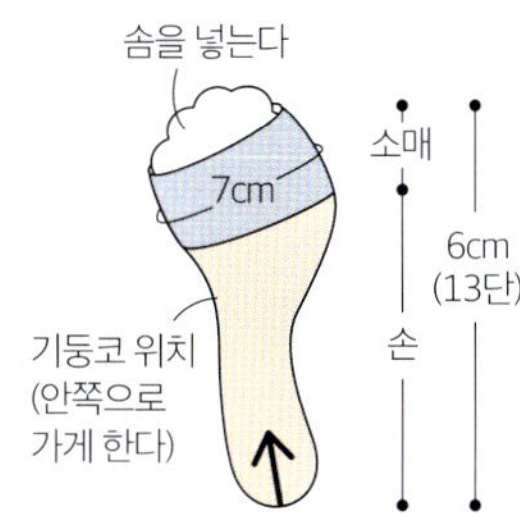

◁ = 실을 잇는다
◀ = 실을 자른다

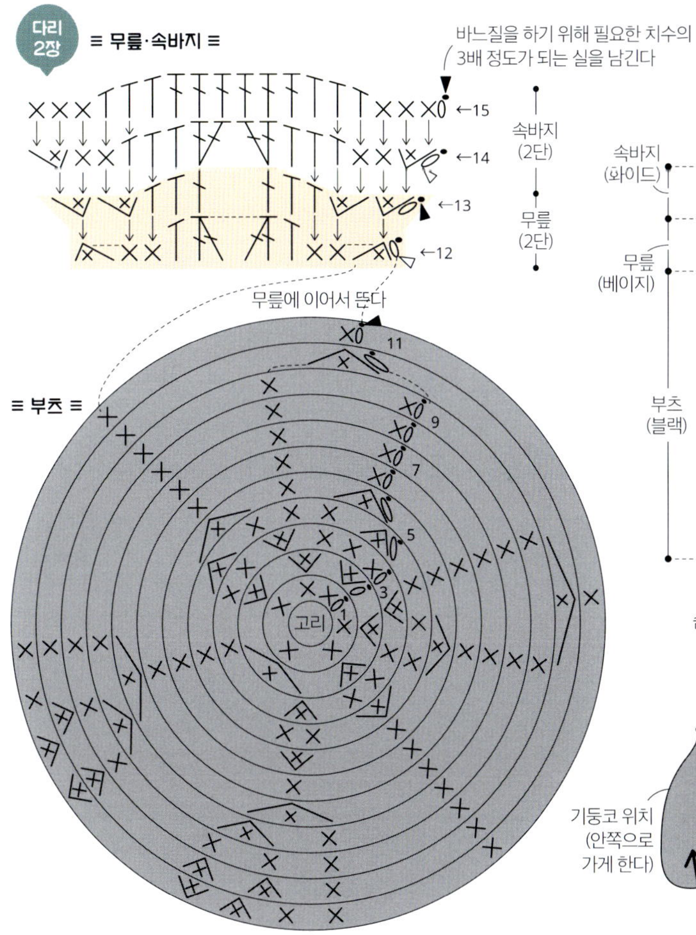

부츠·무릎·속바지

	단수	콧수	
속바지 (화이트)	15	18	
	14	18	(+4코)
무릎 (베이지)	13	14	(+4코)
	12	10	(-4코)
부츠 (블랙)	11	14	
	10	14	(+2코)
	9	12	
	8	12	(+2코)
	7	10	(+2코)
	6	8	
	5	8	(-4코)
	4	12	(-3코)
	3	15	(+3코)
	2	12	(+6코)
	1	6	

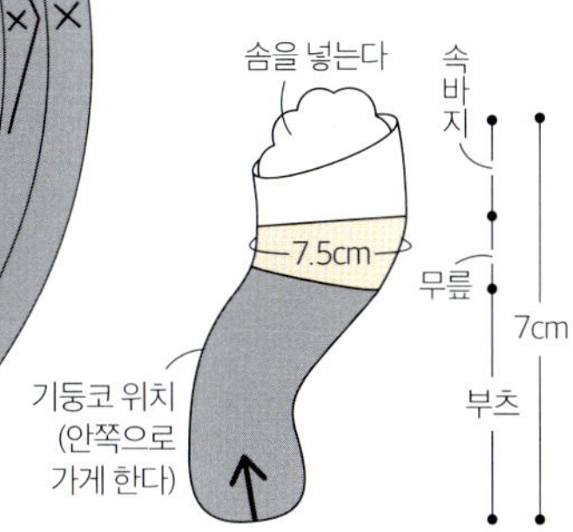

몸통 1장 ≡ 머리·몸판·스커트·속치마 ≡

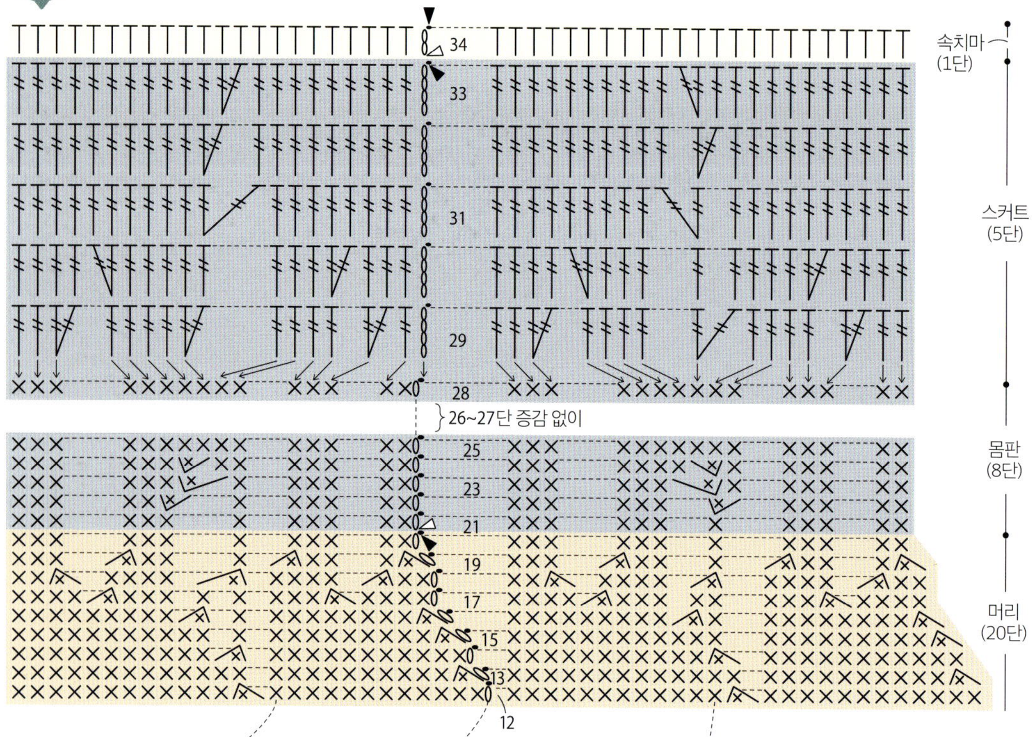

◁ = 실을 잇는다
◀ = 실을 자른다

몸판·스커트·속치마

	단수	콧수	
속치마 (화이트)	34	46	
스커트 (다크 그레이)	33	46	단마다 (+2코)
	32	44	
	31	42	
	30	40	(+4코)
	29	36	(+6코)
몸판 (다크 그레이)	25~28	30	
	24	30	단마다 (+2코)
	23	28	
	22	26	
	21	24	

머리(베이지)

단수	콧수	
20	24	
19	24	(-6코)
18	30	(-6코)
17	36	(-4코)
16	40	(-4코)
15	44	단마다 (-2코)
14	46	
13	48	
12	50	
11	52	
10	52	단마다 (+4코)
9	48	
8	44	
7	40	
6	36	단마다 (+6코)
5	30	
4	24	
3	18	
2	12	
1	6	

≡ 머리 ≡

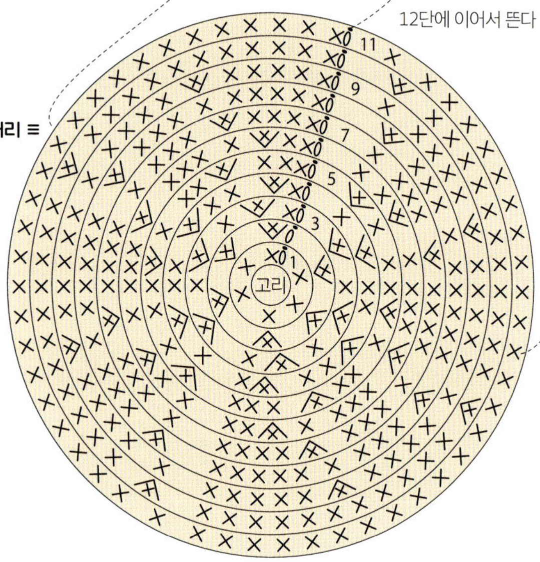

귀 2장

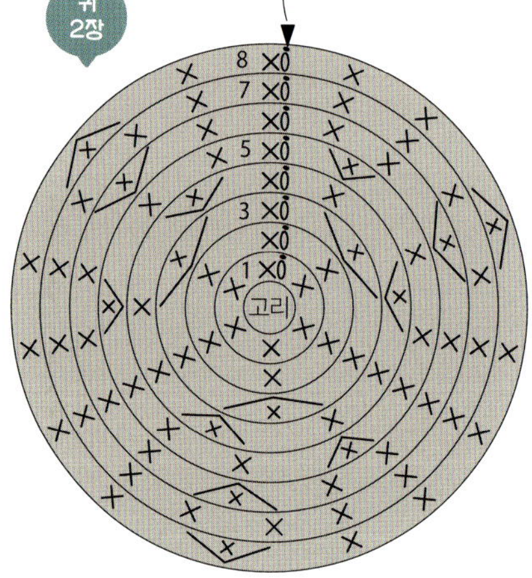

귀(멜란지 브라운)

단수	콧수	
8	15	(-3코)
7	18	
6	18	단마다 (+3코)
5	15	
4	12	
3	9	
2	6	
1	6	

기둥코 위치를 뒤쪽으로 가게 해서 반으로 접는다

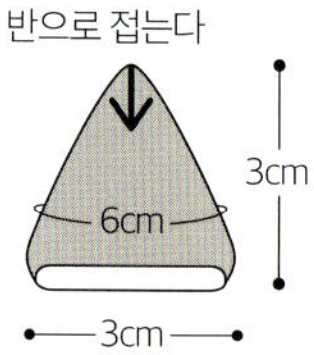

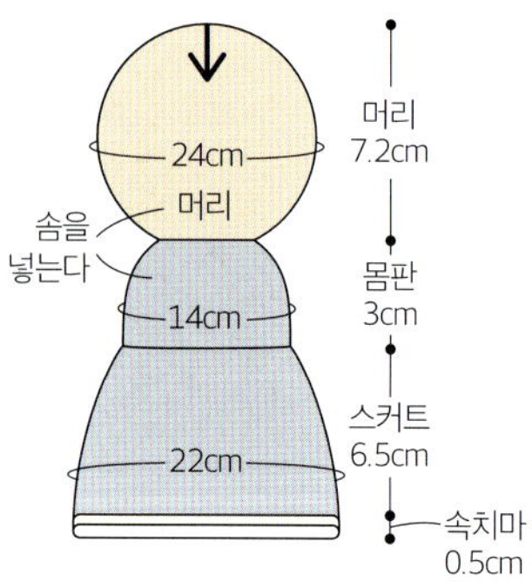

옷깃 (화이트) 1장

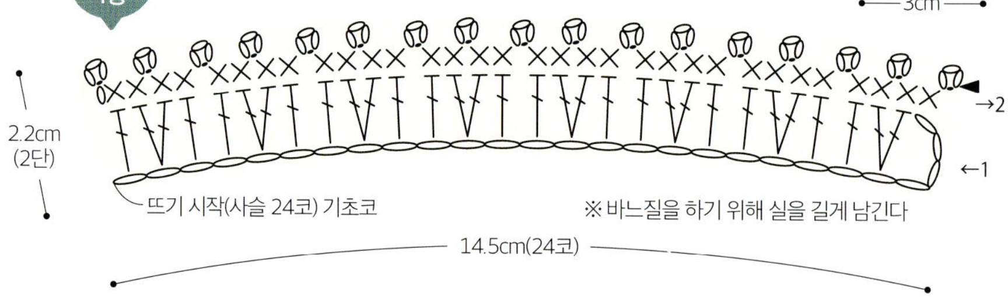

주둥이 1장

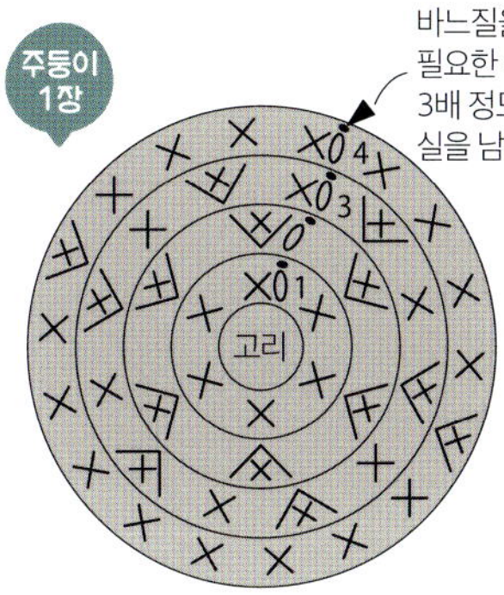

주둥이(멜란지 브라운)

단수	콧수	
4	20	(+2코)
3	18	(+6코)
2	12	(+6코)
1	6	

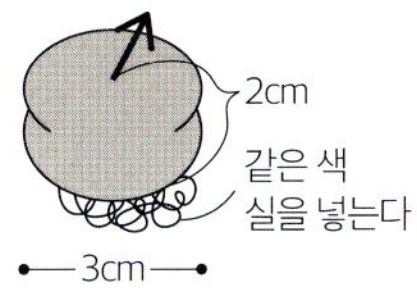

속바지 (엉덩이) 1장

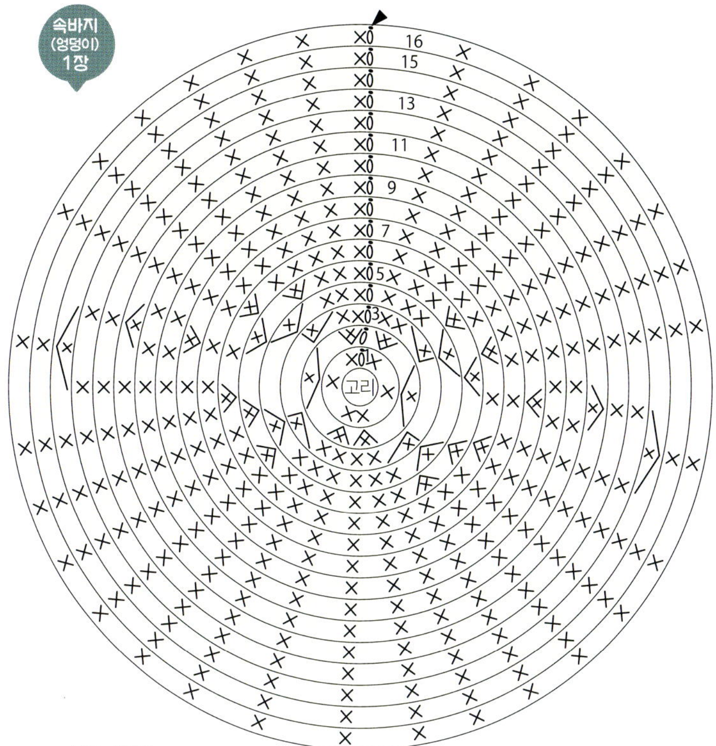

◀ = 실을 자른다

꼬리 1장

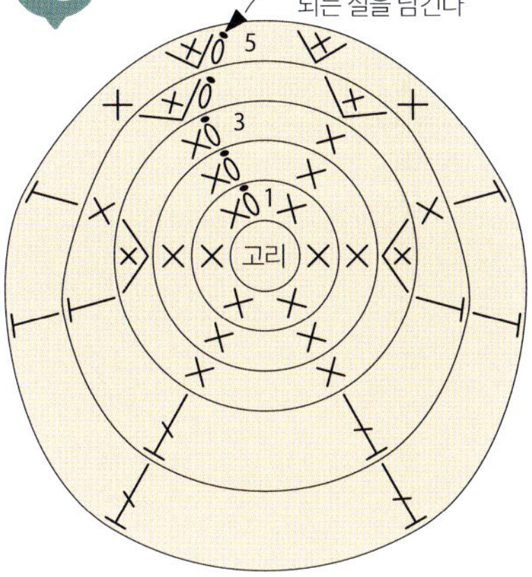

꼬리(베이지)

단수	콧수	
5	12	단마다 (+2코)
4	10	
3	8	
2	6	
1	6	

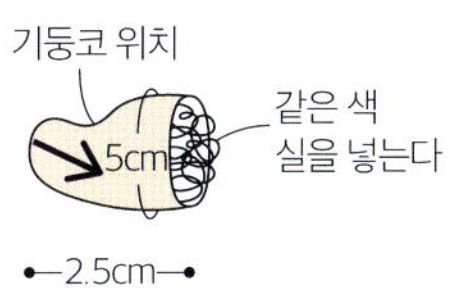

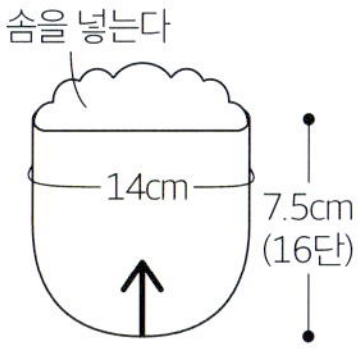

속바지(엉덩이)

	단수	콧수	
(화이트)	15~16	30	
	14	30	(-2코)
	12~13	32	
	11	32	(-2코)
	9~10	34	
	8	34	(+2코)
	7	32	
	6	32	(+4코)
	5	28	(+8코)
	4	20	(+4코)
	3	16	(+4코)
	2	12	(+6코)
	1	6	

윗입술 (멜란지 브라운) 1장

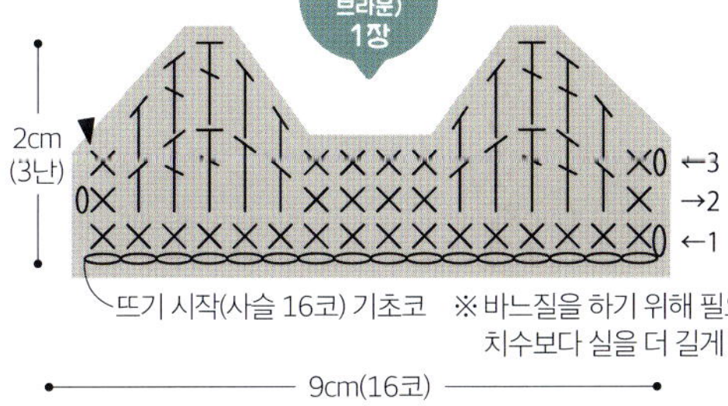

눈 바탕 2장

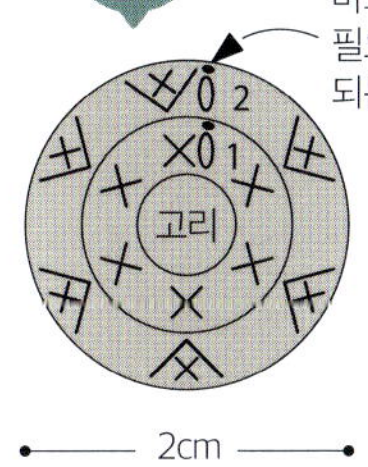

눈 바탕(멜란지 브라운)

단수	콧수	
2	12	(+6코)
1	6	

마무리하기

눈 펠트지 (블랙, 화이트) 각 2장

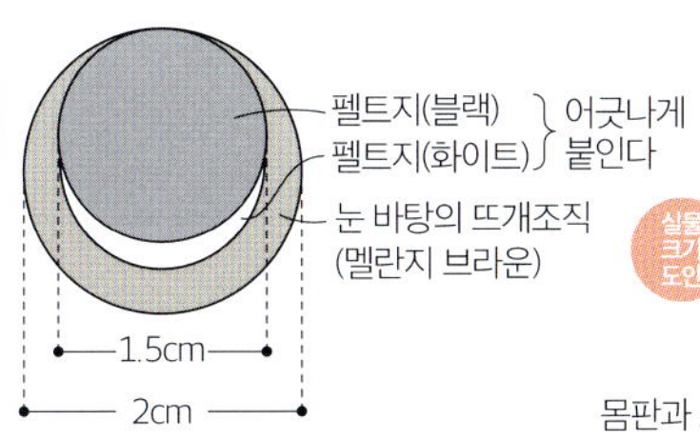

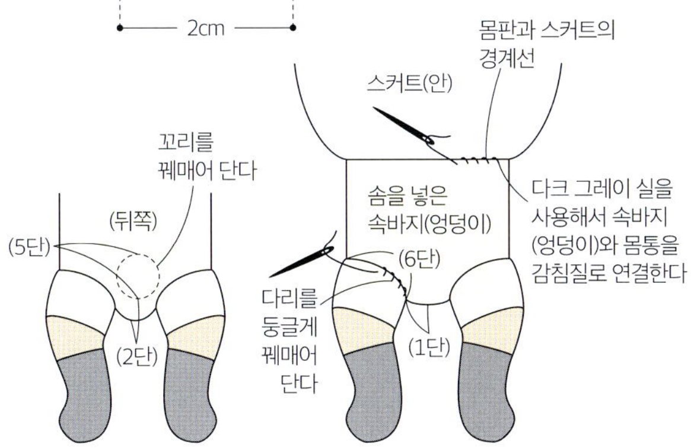

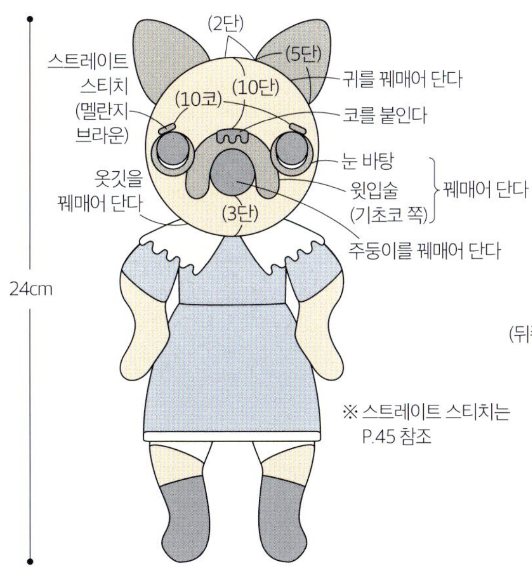

※ 스트레이트 스티치는 P.45 참조

코 펠트지(블랙) 1장

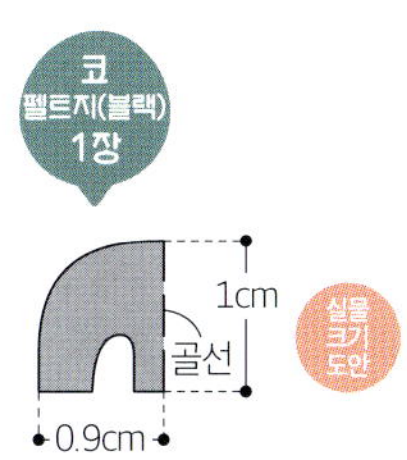

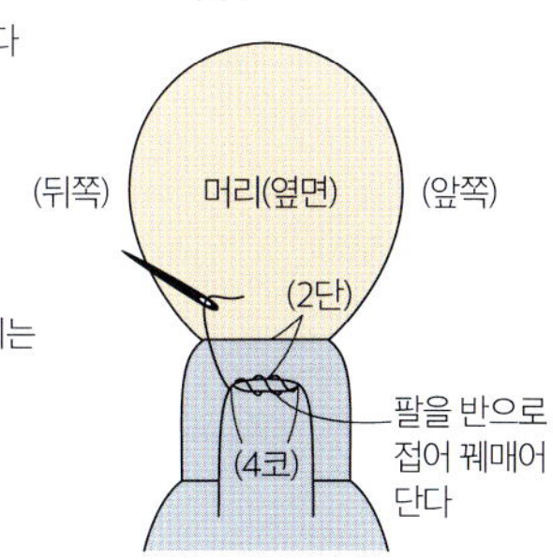

자전거 타는 악어 가브리엘

| 작품 | p.10

재료 및 도구

실

다이아몬드 다이아에포카
그린(344) 34g, 골드(305) 15g, 다크 멜란지 그레이(358) 9g, 멜란지 레드(375) 8g, 멜란지 그레이(357) 6g, 블랙(360) 2g

바늘

코바늘 6/0호(3.5mm)

부재료

인형솜 약 15g, 방울솜 적당량,
펠트지(화이트) 3.6cm×2cm,
목공용 본드, 수예용 올풀림 방지액

완성 사이즈

전체 길이 35cm

뜨는 방법

1. 각 부분을 뜨고 솜을 넣습니다

몸통의 머리·코끝, 아래턱, 입 안(아래턱·중앙·위턱)을 뜬 후, 입 주위를 연결합니다. 계속해서 몸통의 얼굴·몸판을 뜹니다. 엉덩이, 팔(손·소매), 다리(바지·무릎 밑), 꼬리를 뜬 후, 솜을 넣습니다. 입 주위와 머리에는 솜을 너무 많이 넣지 않도록 주의하고 위턱, 아래턱에는 조금만 넣습니다. 몸판에는 방울솜을 넣습니다.

포인트 **위턱에 솜을 너무 많이 넣으면 입이 크게 벌어진 상태가 되므로 주의합니다.**

2. 모든 부분을 연결합니다

몸통과 엉덩이를 감침질로 연결합니다. 나머지 부분들은 시침핀으로 임시 고정한 후, 적당한 위치를 정해서 꿰매어 답니다. 눈은 같은 색 실을 넣고 꿰매어 답니다.

3. 마무리합니다

눈과 콧구멍에 수를 놓고 이빨을 붙입니다.

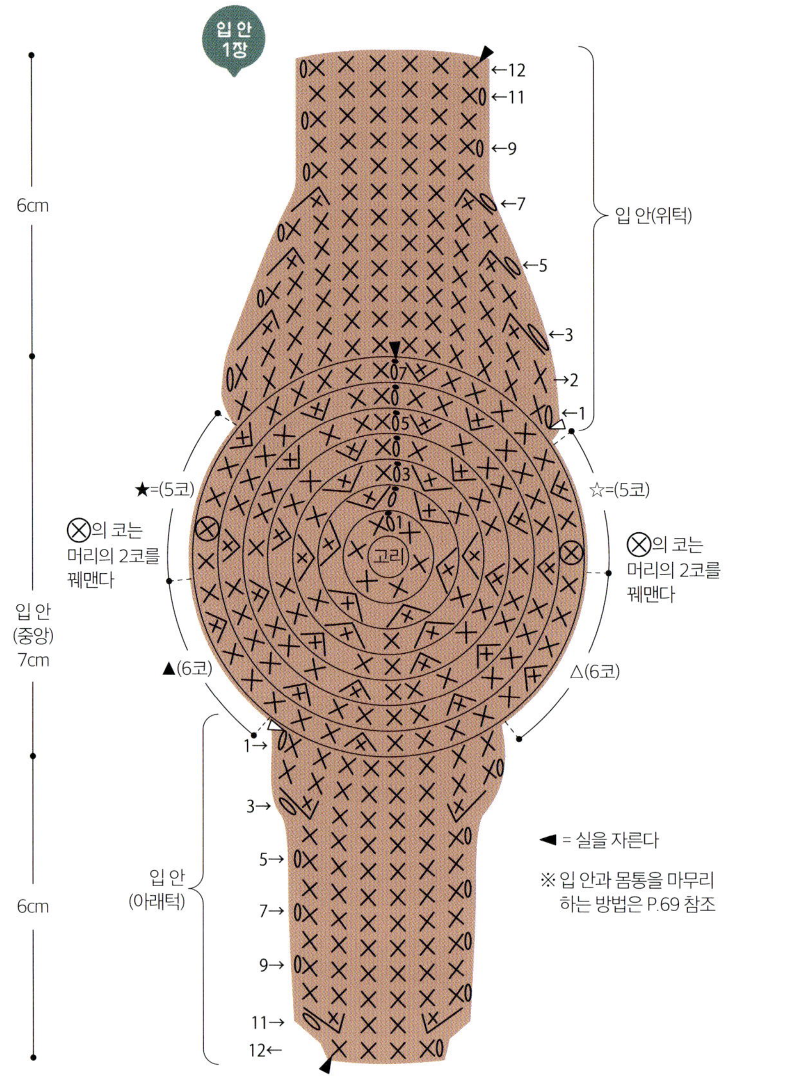

입 안(아래턱) (멜란지 레드)

단수	콧수	
12	4	
11	4	(-2코)
4~10	6	
3	6	(-2코)
2	8	
1	8	

※입 안(아래턱)은 입 안(중앙)에서 8코 줍는다

입 안(중앙) (멜란지 레드)

단수	콧수	
7	42	단마다 (+6코)
6	36	
5	30	
4	24	
3	18	
2	12	
1	6	

입 안(위턱) (멜란지 레드)

단수	콧수	
8~12	6	
7	6	(-2코)
6	8	
5	8	(-2코)
4	10	
3	10	(-2코)
2	12	
1	12	

※입 안(위턱)은 입 안(중앙)에서 12코 줍는다

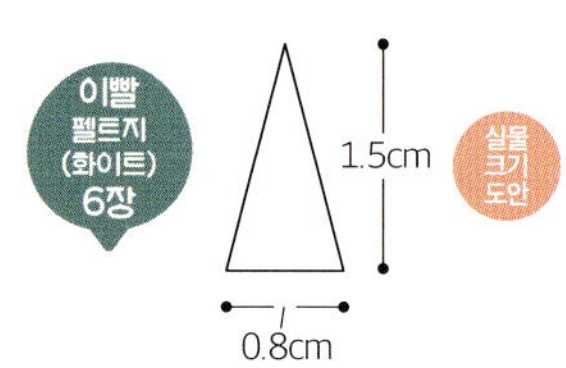

≡ 머리·몸판 ≡

몸통 1장

◁ = 실을 잇는다
◀ = 실을 자른다

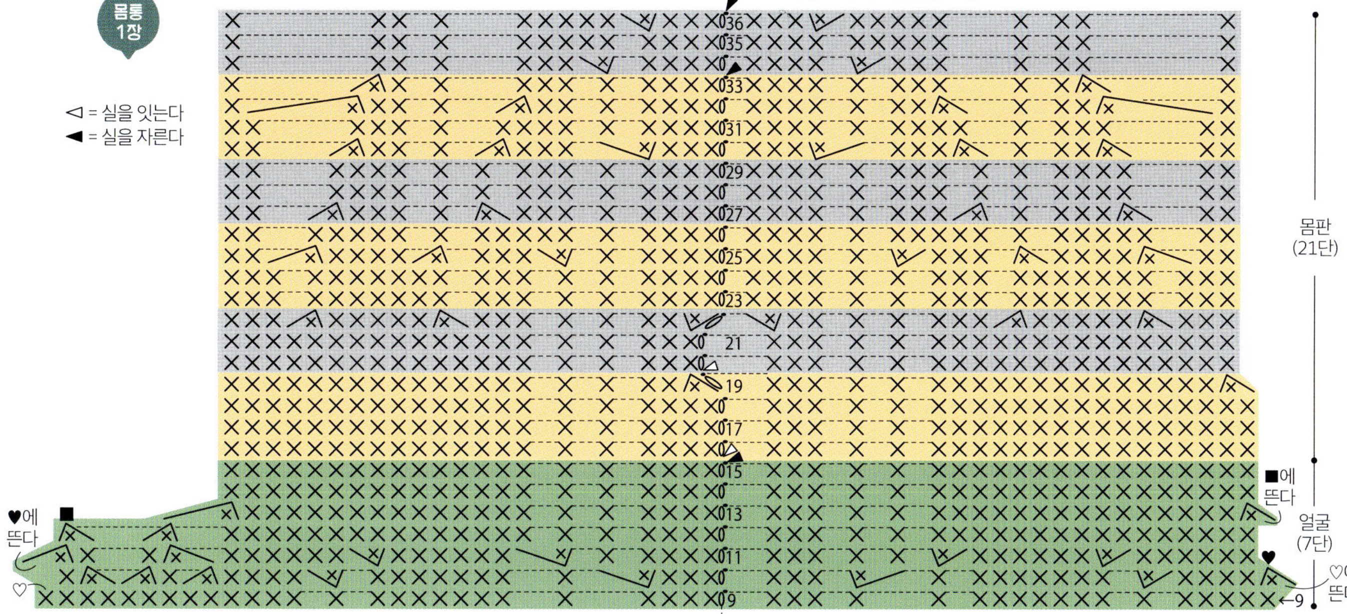

≡ 머리·코끝 ≡

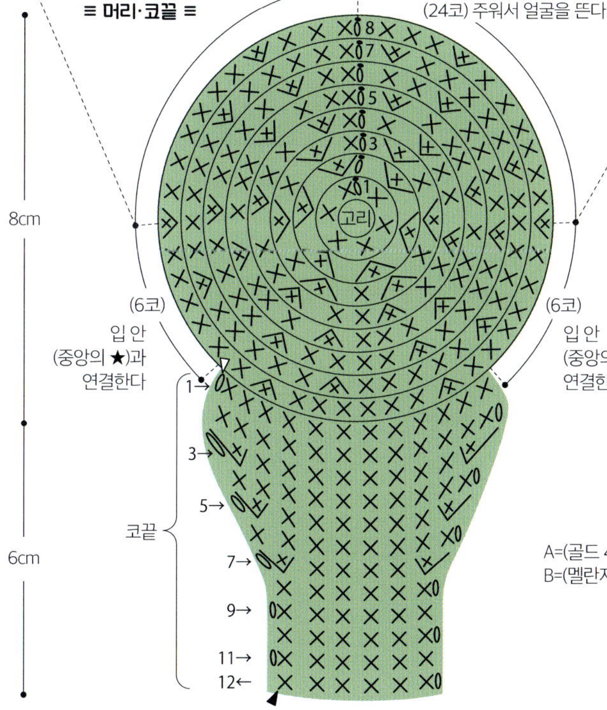

※ 입 안과 몸통을 마무리하는 방법은 P.69 참조

아래턱 1장

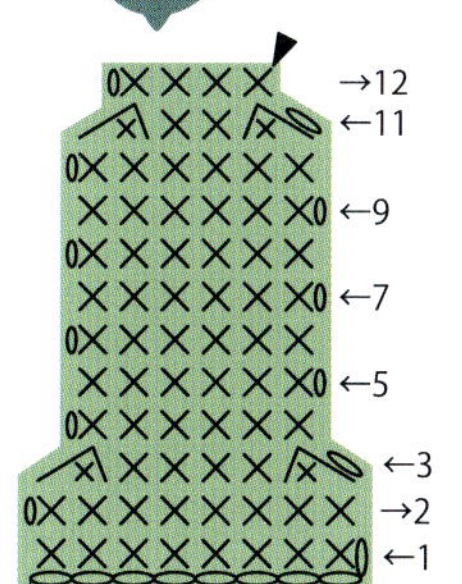

얼굴·몸판

		단수	콧수	
	B	36	28	(+2코)
		35	26	
		34	26	(+2코)
		33	24	(-2코)
	A	32	26	(-4코)
		31	30	
몸판 (A와 B를 반복한다)		30	30	(-2코)
	B	28~29	32	
		27	32	(-4코)
		26	36	
	A	25	36	(-2코)
		23~24	38	
	B	22	38	(-2코)
		20~21	40	
	A	19	40	(-2코)
		16~18	42	
		14~15	42	
		13	42	(-2코)
	얼굴 (그린)	12	44	(-2코)
		11	46	(+2코)
		10	44	
		9	44	

A=(골드 4단)
B=(멜란지 그레이 3단)

아래턱(그린)

단수	콧수	
12	4	
11	4	(-2코)
4~10	6	
3	6	(-2코)
2	8	
1	8	

코끝(그린)

단수	콧수	
8~12	6	
7	6	(-2코)
6	8	
5	8	(-2코)
4	10	
3	10	(-2코)
2	12	
1	12	

※ 코끝은 머리에서 12코 줍는다

머리(그린)

단수	콧수	
8	48	단마다 (+6코)
7	42	
6	36	
5	30	
4	24	
3	18	
2	12	
1	6	

다리 2장

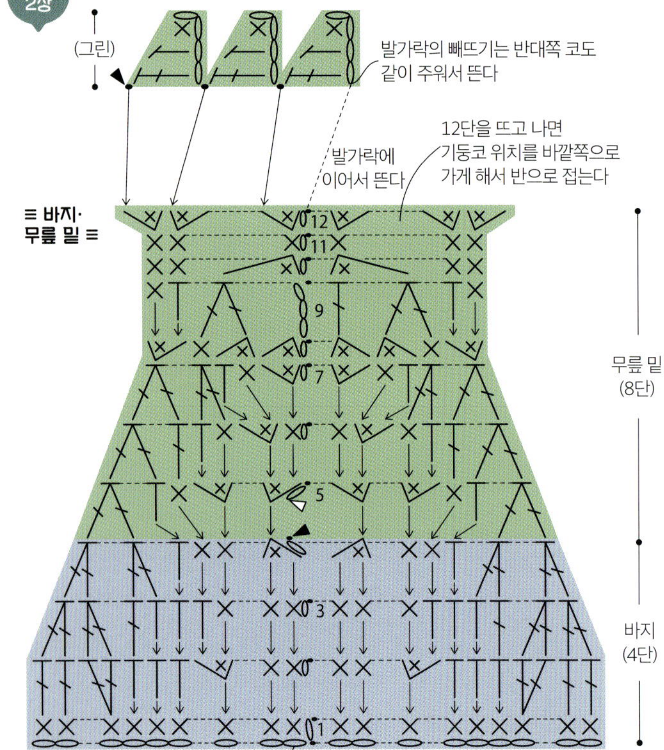

◁ = 실을 잇는다
◀ = 실을 자른다

바지·무릎 밑

	단수	콧수	
무릎 밑 (그린)	12	12	(+6코)
	11	6	
	10	6	단마다 (-2코)
	9	8	
	8	10	
	7	12	
	6	14	
	5	14	(+2코)
바지(다크 멜란지 그레이)	4	12	(-6코)
	3	18	(-4코)
	2	22	(+4코)
	1	18	

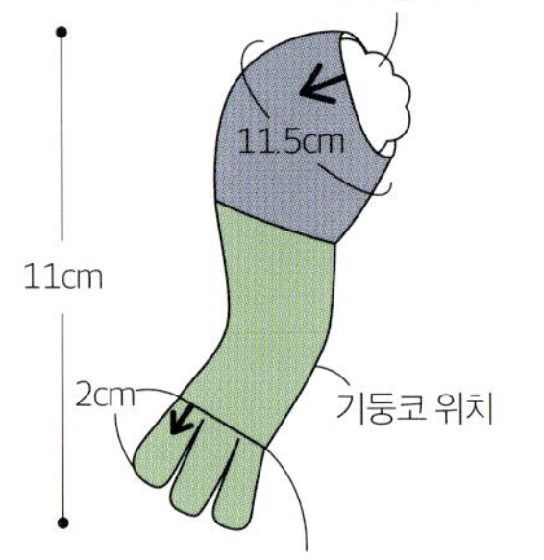

바지·무릎 밑의 기둥코 위치를 바깥쪽으로 가게 해서 반으로 접은 후 발가락을 뜬다

팔 2장

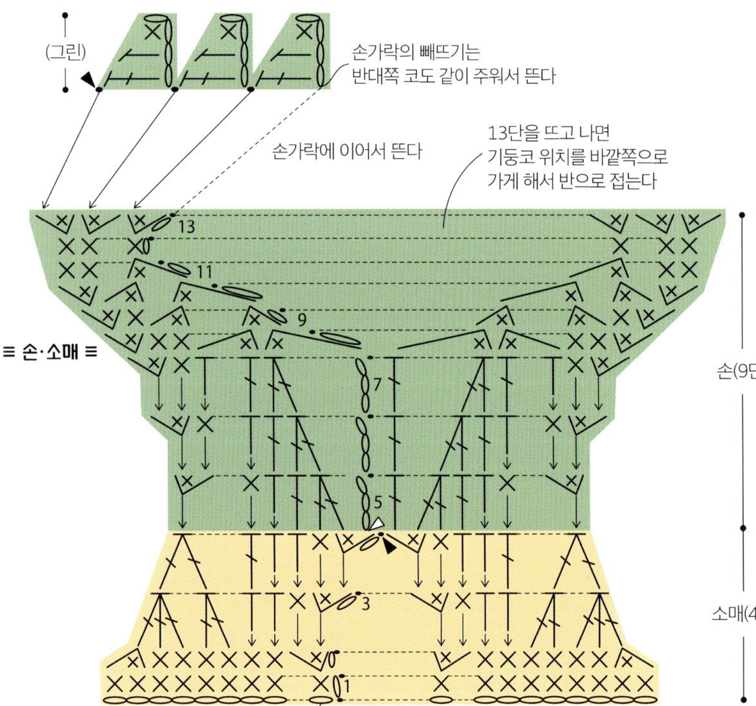

손·소매

	단수	콧수	
손 (그린)	13	12	(+6코)
	12	6	
	11	6	단마다 (-2코)
	10	8	
	9	10	
	8	12	
	6~7	14	
	5	14	
소매 (골드)	4	14	
	3	14	(-4코)
	2	18	
	1	18	

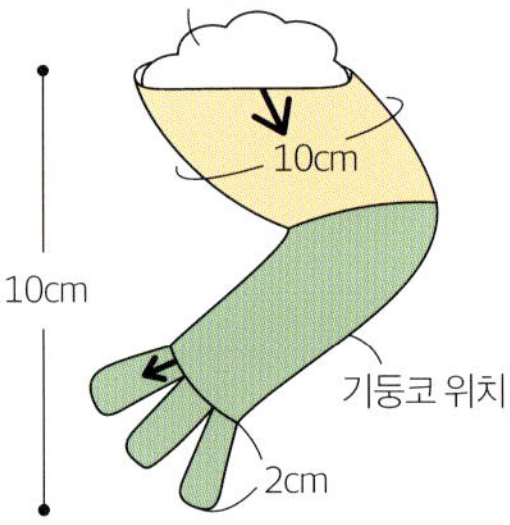

손·소매의 기둥코 위치를 바깥쪽으로 가게 해서 반으로 접은 후 손가락을 뜬다

눈 2장

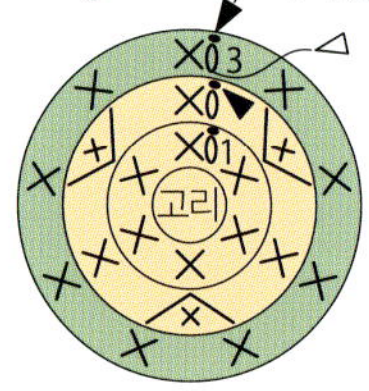

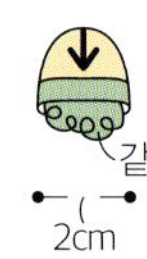

눈

	단수	콧수	
(그린)	3	9	
(골드)	2	9	(+3코)
	1	6	

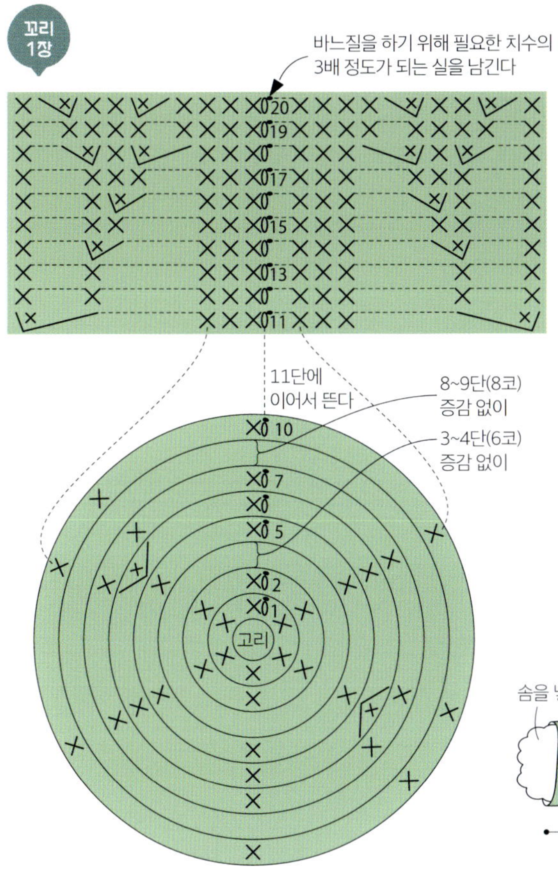

◀ = 실을 자른다

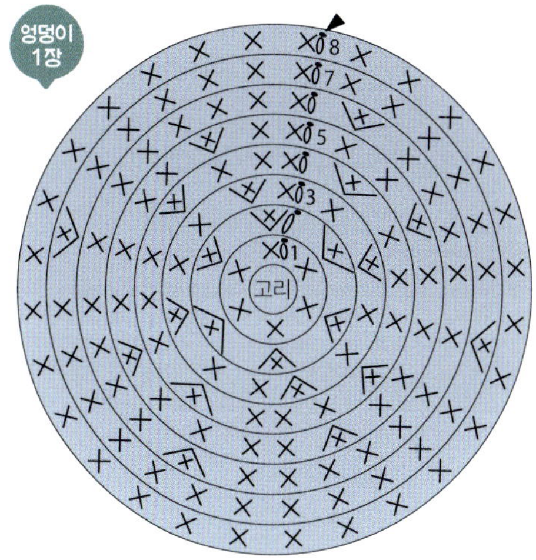

꼬리(그린)

단수	콧수	
20	22	(+4코)
19	18	
18	18	(+4코)
17	14	
16	14	(+2코)
15	12	
14	12	(+2코)
12~13	10	
11	10	(+2코)
7~10	8	
6	8	(+2코)
3~5	6	
2	6	
1	6	

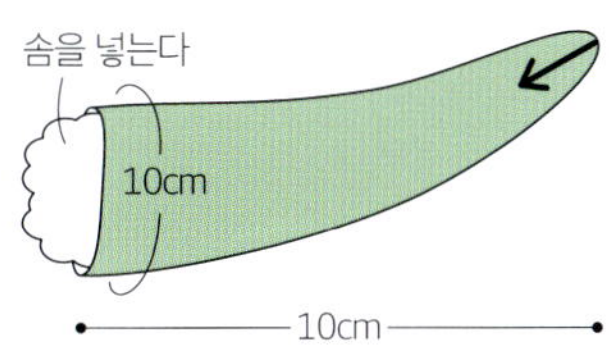

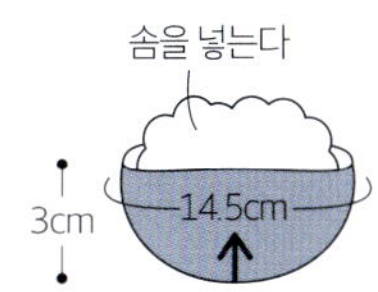

엉덩이(다크 멜란지 그레이)

단수	콧수	
8	28	
7	28	(+2코)
6	26	(+2코)
5	24	단마다 (+4코)
4	20	
3	16	
2	12	(+6코)
1	6	

마무리하기

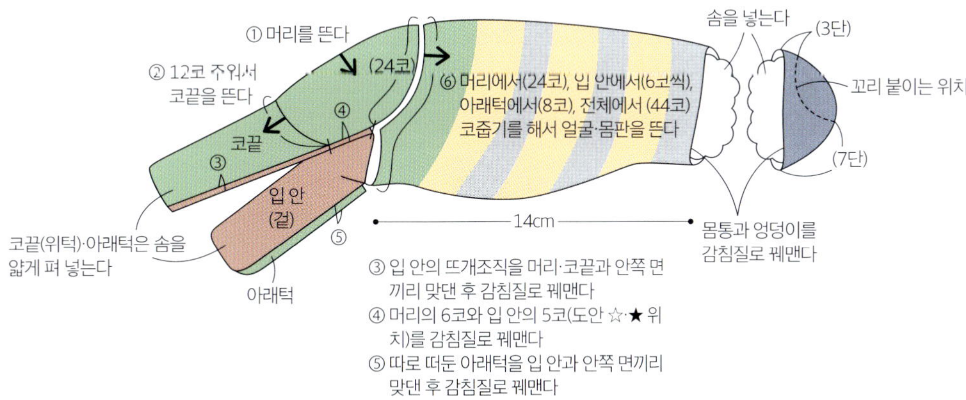

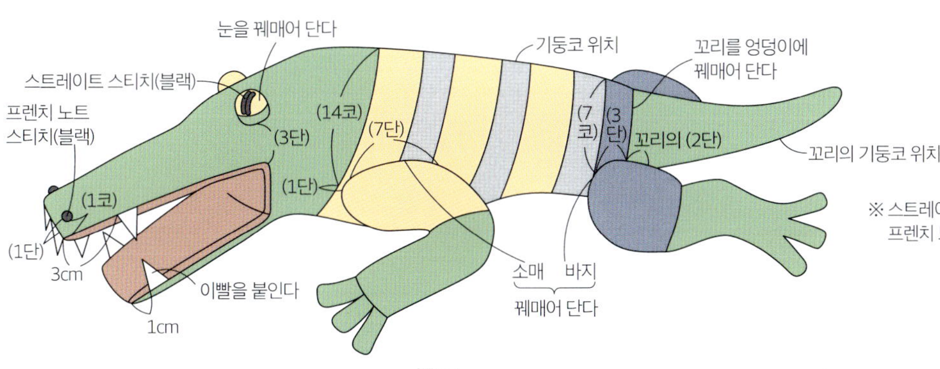

※ 스트레이트 스티치,
프렌치 노트 스티치는 P.45 참조

강아지 순경 마르셀

| 작품 | p.12

재료 및 도구

실

리치모어 스펙터 모뎀

네이비(45) 45g, 레디시 브라운(54) 30g, 화이트(1) 11g, 차콜(55) 9g, 옐로 베이지(11) 1g, 레드(32) 1g

바늘

코바늘 6/0호(3.5mm)

부재료

인형솜 약 30g, 방울솜 적당량,

펠트지(라이트 옐로·다크 브라운)

각 3.2cm×1.6cm,

펠트지(라이트 레드) 2cm×2.5cm,

목공용 본드, 수예용 올풀림 방지액

완성 사이즈

전체 길이 33cm

뜨는 방법

1. 각 부분을 뜨고 솜을 넣습니다

몸통(머리·몸판·밑단)을 뜬 후, 몸판까지 솜을 넣습니다. 팔(손·소매), 다리(부츠·바지), 꼬리, 주둥이, 엉덩이를 뜨고 솜을 넣습니다.

2. 모든 부분을 연결합니다

몸통과 엉덩이를 감침질로 연결합니다. 몸통에 팔(손·소매), 다리(부츠·바지), 꼬리, 주둥이, 귀를 시침핀으로 임시 고정한 후, 적당한 위치에 꿰매어 답니다.

3. 마무리합니다

눈과 혀를 붙이고 상의와 모자에 수를 놓습니다. 벨트와 모자를 적당한 위치에 꿰매어 답니다.

다리 2장

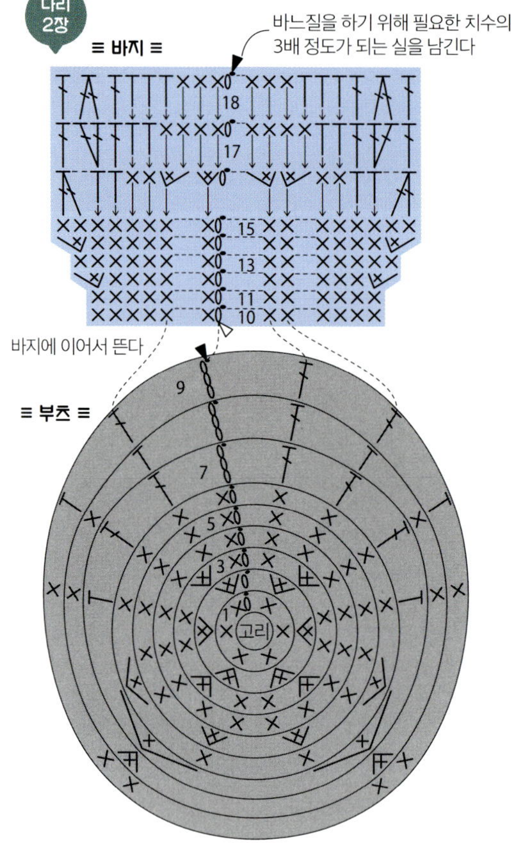

부츠·바지

	단수	콧수	
바지(네이비)	18	18	(-2코)
	17	20	(+2코)
	16	18	(+2코)
	15	16	
	14	16	(+2코)
	13	14	
	12	14	(+2코)
	11	12	
	10	12	
부츠(차콜)	9	12	
	8	12	(+2코)
	7	10	단마다(-2코)
	6	12	
	5	14	
	4	16	
	3	16	(+4코)
	2	12	(+6코)
	1	6	

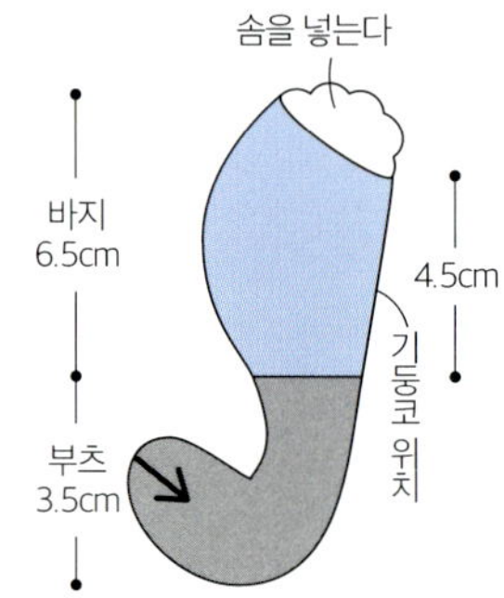

팔 2장

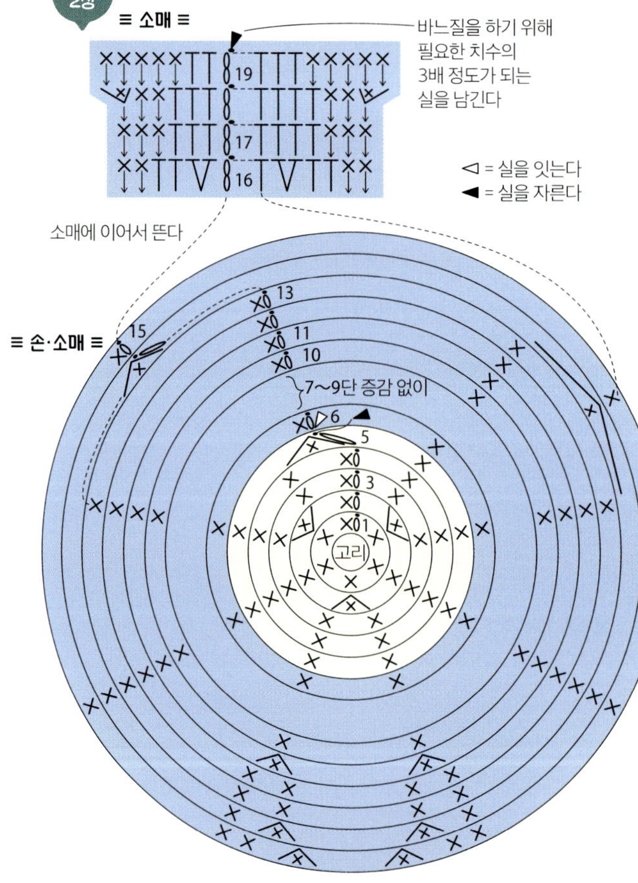

손·소매

	단수	콧수	
소매(네이비)	19	16	
	18	16	(+2코)
	17	14	
	16	14	(+2코)
	15	12	(+2코)
	12~14	10	
	11	10	(+2코)
	6~10	8	
손(화이트)	5	8	(-1코)
	3~4	9	
	2	9	(+3코)
	1	6	

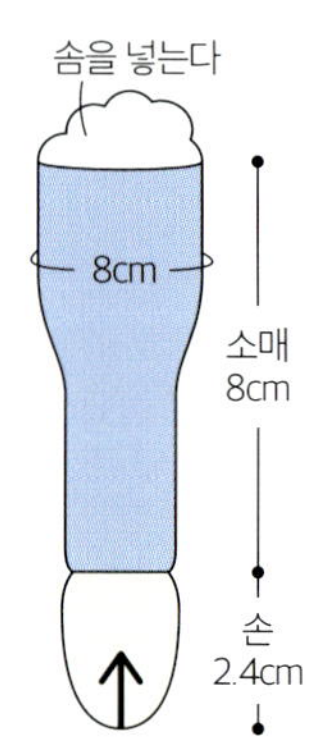

몸통 1장

≡ 밑단 ≡

≡ 몸판 ≡

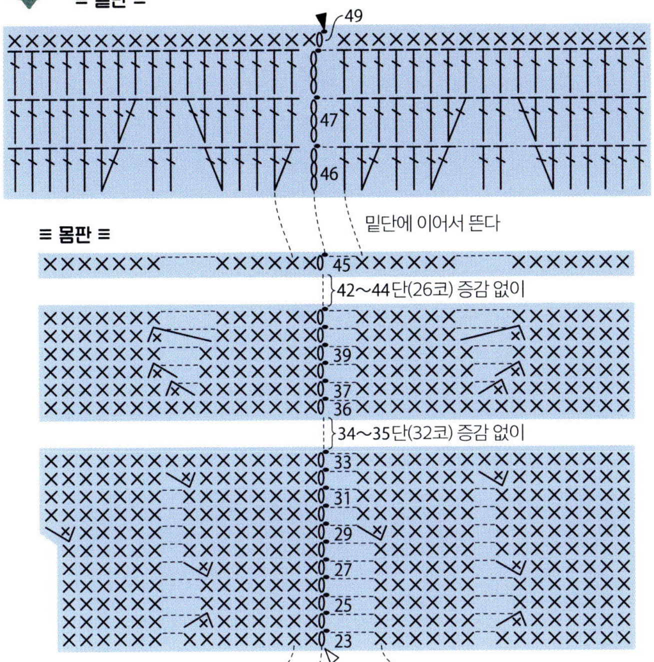

◁ = 실을 잇는다
◀ = 실을 자른다

몸판에 이어서 뜬다

☆ = 12~13단(44코) 증감 없이

≡ 머리 ≡

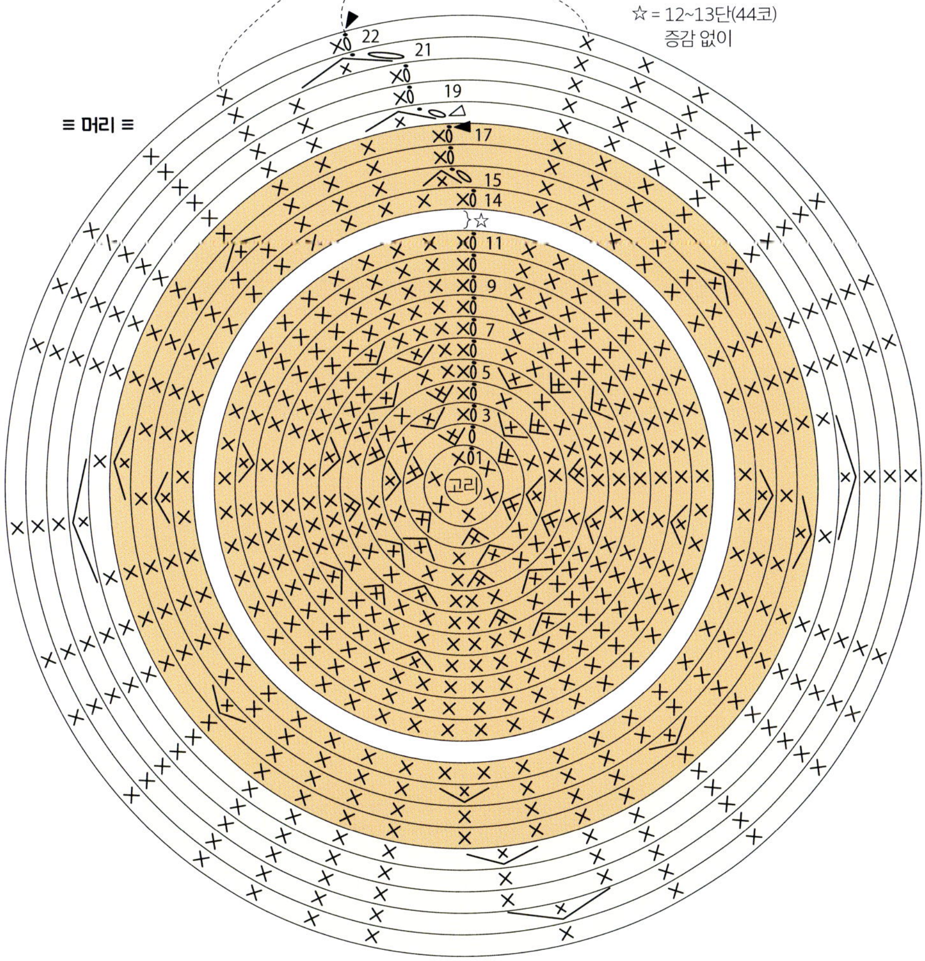

몸판·밑단(네이비)

	단수	콧수	
밑단	48~49	36	
	47	36	(+4코)
	46	32	(+6코)
몸판	41~45	26	
	40	26	(-2코)
	39	28	
	38	28	(-2코)
	37	30	(-2코)
	33~36	32	
	32	32	(+2코)
	30~31	30	
	29	30	(+2코)
	28	28	
	27	28	(+2코)
	25~26	26	
	24	26	(-2코)
	23	28	

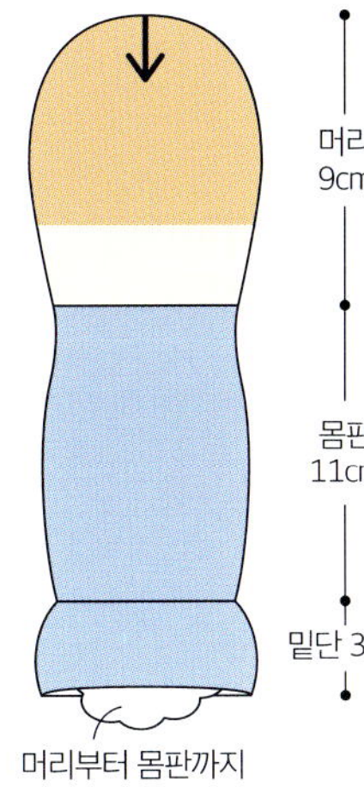

머리부터 몸판까지 솜을 넣는다

※ 몸통과 엉덩이는 조젯(P.65)을 참조하여 감침질로 연결한다

머리

	단수	콧수	
(화이트)	22	28	
	21	28	(-2코)
	20	30	
	19	30	단마다 (-2코)
	18	32	
(레디시 브라운)	17	34	
	16	36	(-4코)
	15	40	(-4코)
	14	44	
	11~13	44	
	10	44	(+2코)
	9	42	
	8	42	(+2코)
	7	40	(+4코)
	6	36	단마다 (+6코)
	5	30	
	4	24	
	3	18	
	2	12	
	1	6	

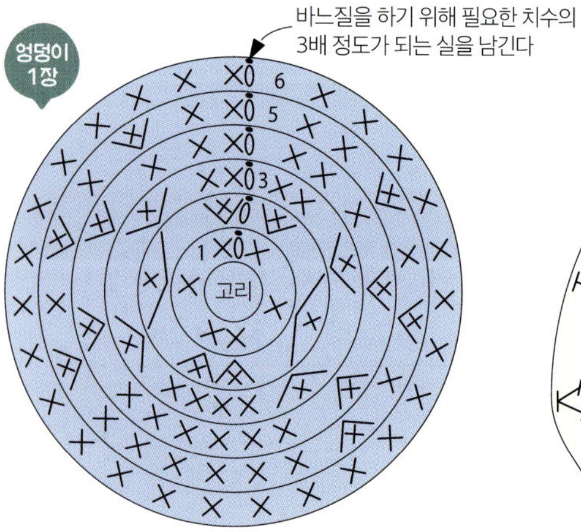

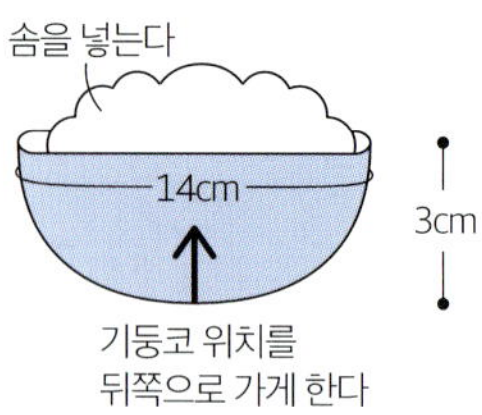

엉덩이(네이비)

단수	콧수	
6	26	
5	26	(+6코)
4	20	(+4코)
3	16	(+4코)
2	12	(+6코)
1	6	

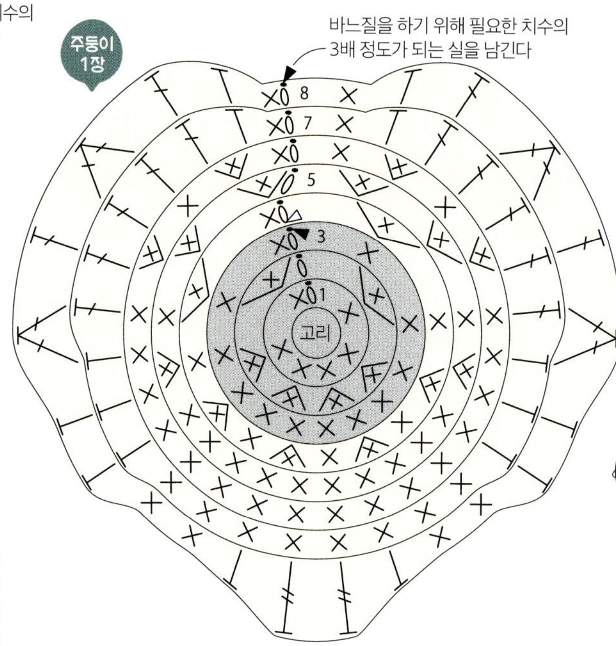

주둥이

	단수	콧수	
(화이트)	8	24	(-4코)
	7	28	
	6	28	(+4코)
	5	24	(+6코)
	4	18	(+6코)
(차콜)	3	12	
	2	12	(+6코)
	1	6	

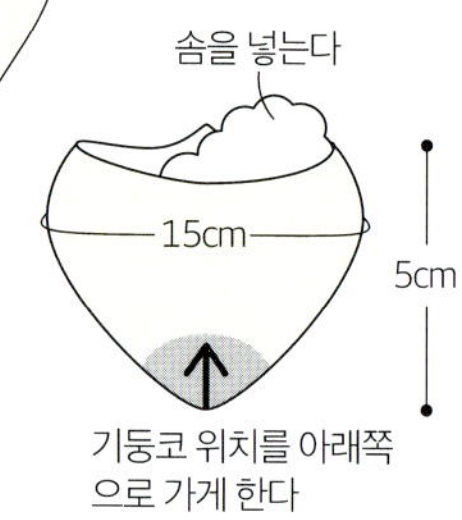

◁ = 실을 잇는다
◀ = 실을 자른다

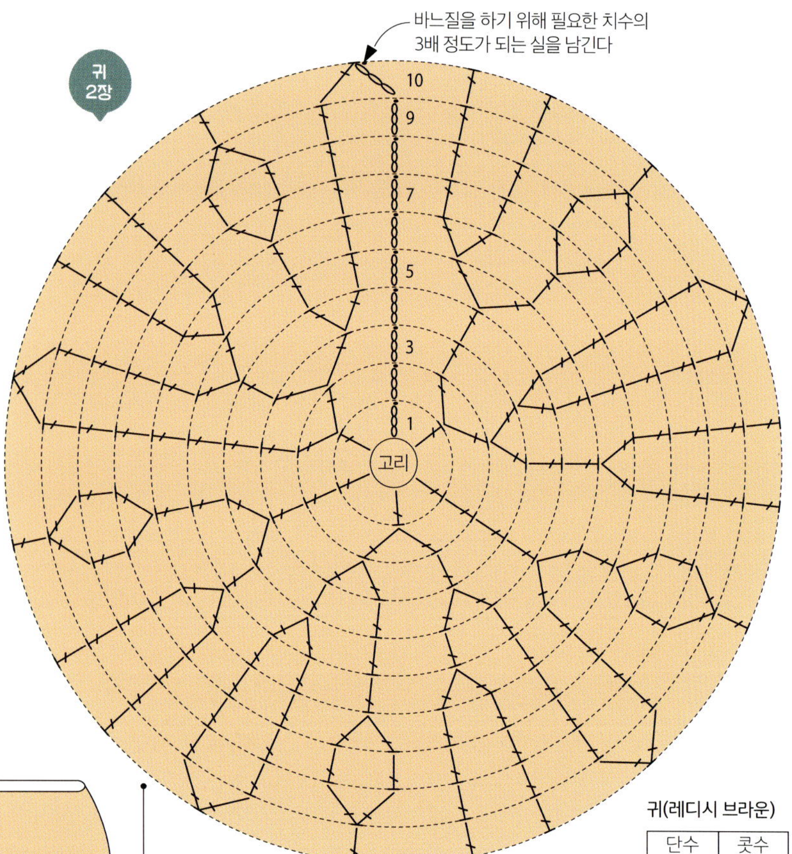

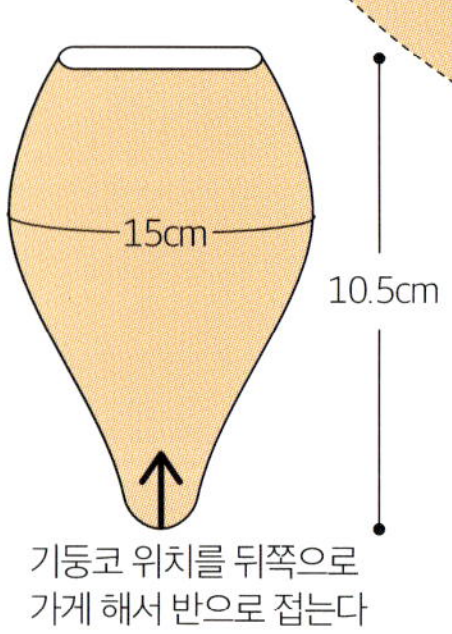

귀(레디시 브라운)

단수	콧수	
10	20	(-5코)
9	25	(-5코)
8	30	
7	30	(+5코)
6	25	(+5코)
5	20	(+4코)
4	16	(+4코)
3	12	(+3코)
2	9	(+3코)
1	6	

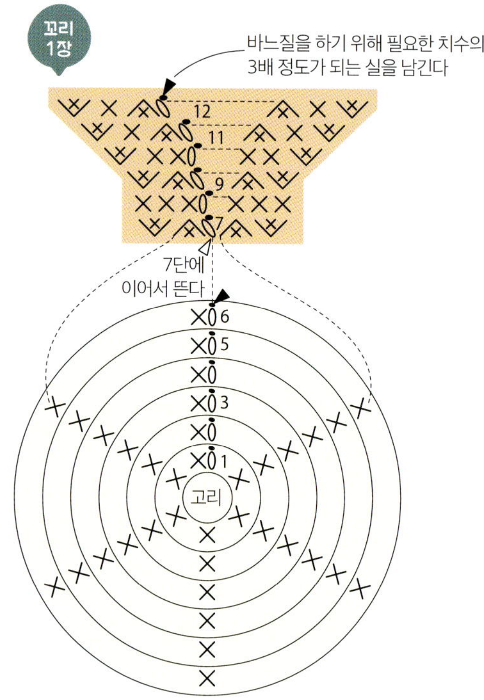

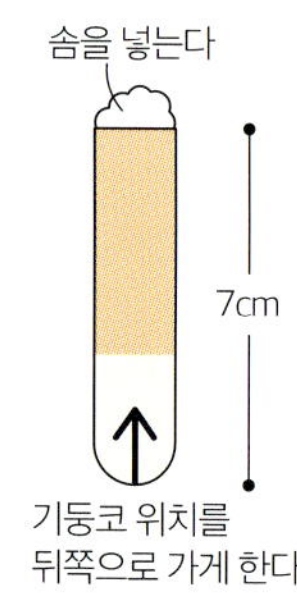

꼬리

	단수	콧수	
(레디시 브라운)	11~12	8	
	10	8	(+2코)
	7~9	6	
(화이트)	2~6	6	
	1	6	

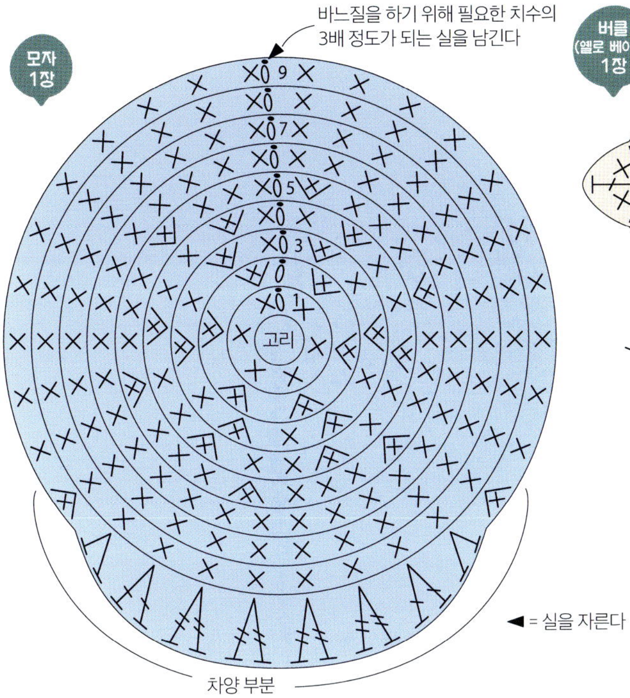

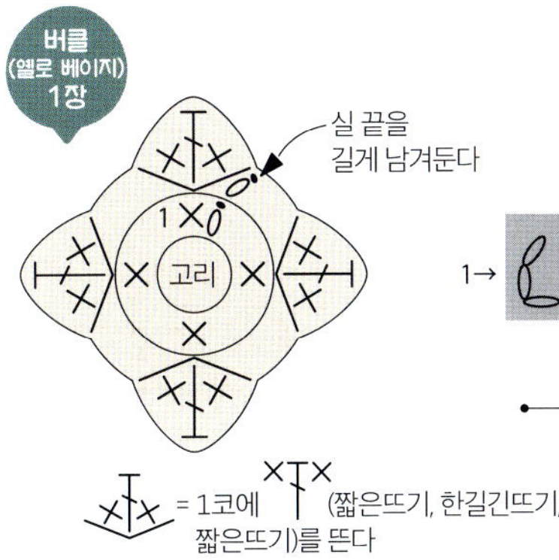

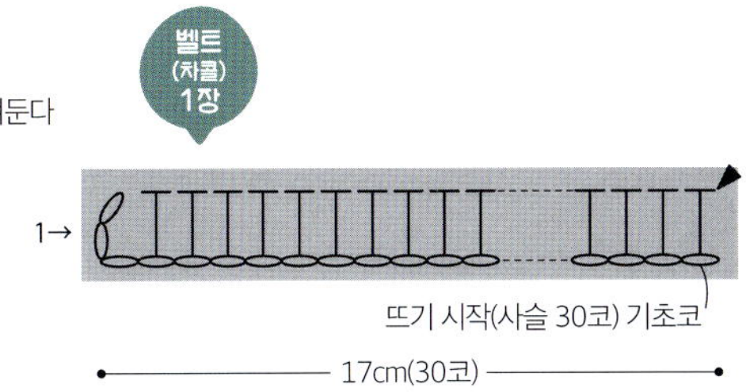

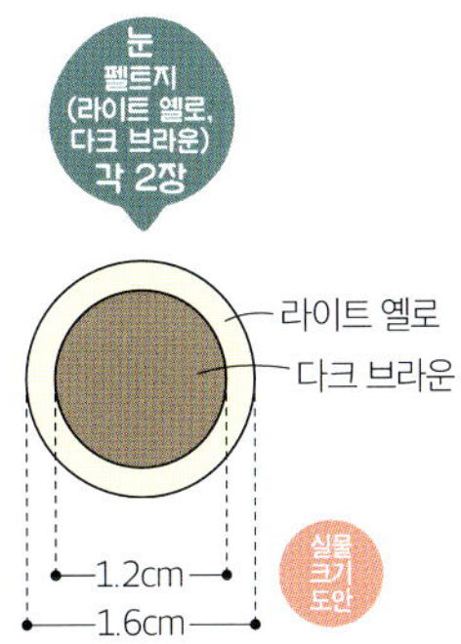

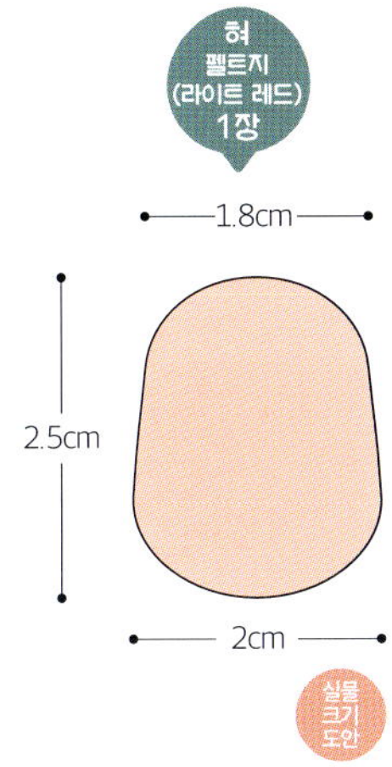

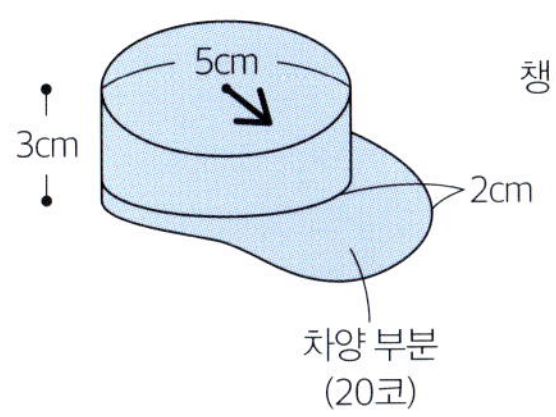

모자(네이비)

부분	단수	콧수	
챙 부분	9	40	(+10코)
모자 본체	6~8	30	
	5	30	단마다 (+6코)
	4	24	
	3	18	
	2	12	
	1	6	

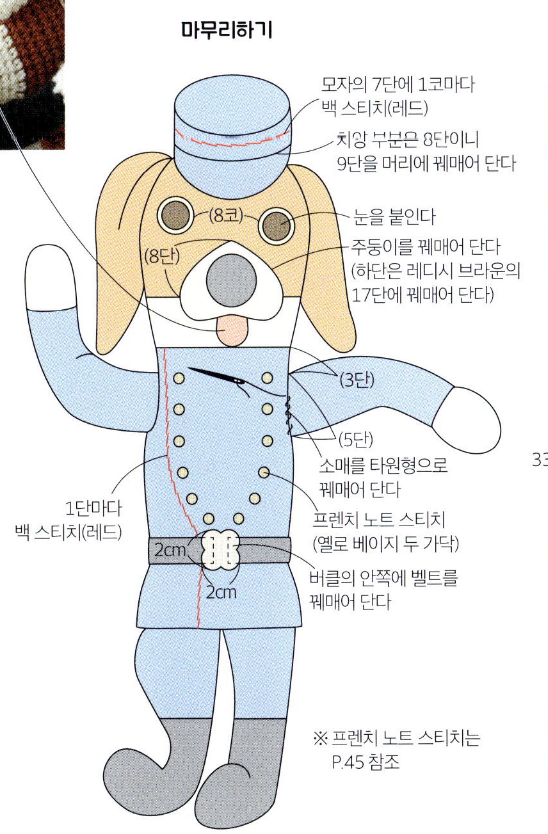

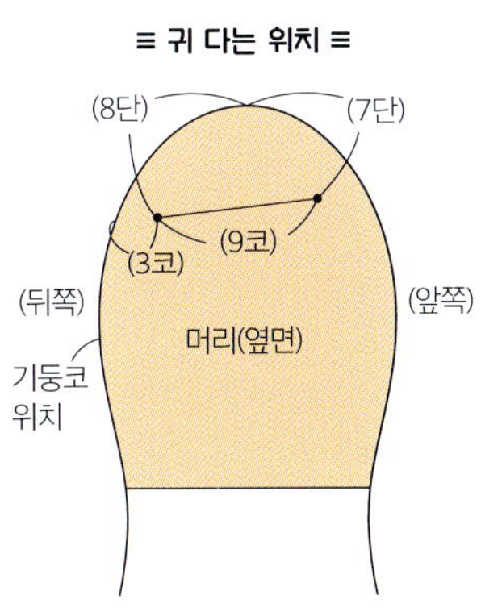

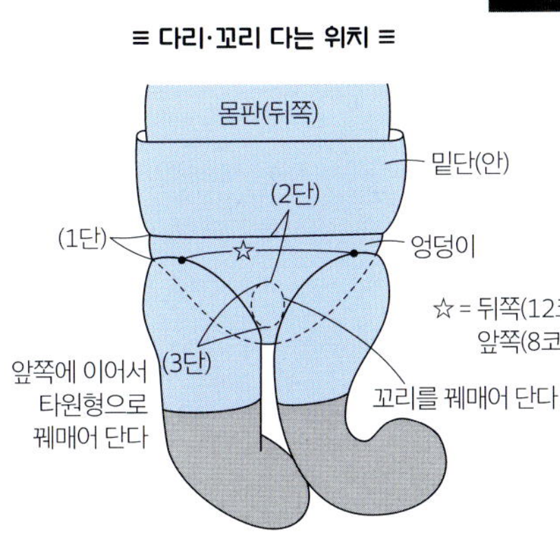

수놓는 방법

백 스티치

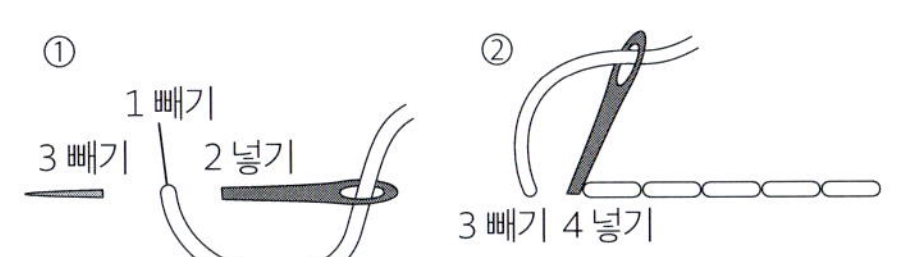

명배우 이본느

| 작품 | p.14

재료 및 도구

실

하마나카 아멜리

아이보리(21) 36g, 블랙(24) 14g, 핑크(27) 7g, 멜란지 그레이(30) 4g

바늘

코바늘 5/0호(3mm)

부재료

인형솜 약 10g, 펠트지(스카이 블루·블랙) 각 5cm×1.8cm, 알루미늄 와이어 20cm, 목공용 본드, 수예용 올풀림 방지액, 롱노즈 플라이어

완성 사이즈

전체 길이 35cm

뜨는 방법

1. 각 부분을 뜨고 솜을 넣습니다

각 부분을 뜬 후, 몸통은 머리 끝부분을 평평한 장소에 올려놓고 솜을 충분히 채워 넣은 뒤에 고르게 마무리합니다. 팔(장갑까지), 다리(부츠까지), 엉덩이 끝부분은 충분히 채워 넣고, 팔(위팔), 다리(넓적다리), 가슴, 몸통(가슴에서 코르셋까지)은 적당히 넣습니다. 꼬리에는 양 끝을 구부린 알루미늄 와이어를 넣습니다.

2. 모든 부분을 연결합니다

몸통과 엉덩이를 감침질로 연결한 후, 팔(장갑·위팔), 다리(부츠·넓적다리), 가슴, 꼬리를 꿰매어 답니다. 얼굴과 귀를 시침핀으로 임시 고정한 후, 적당한 위치에 꿰매어 답니다.

3. 마무리합니다

얼굴에 눈을 붙이고 코끝과 입을 수놓습니다. 코르셋에 수를 놓고 실 끝을 리본 모양으로 묶은 후, 끝부분에 수예용 올풀림 방지액을 바릅니다.

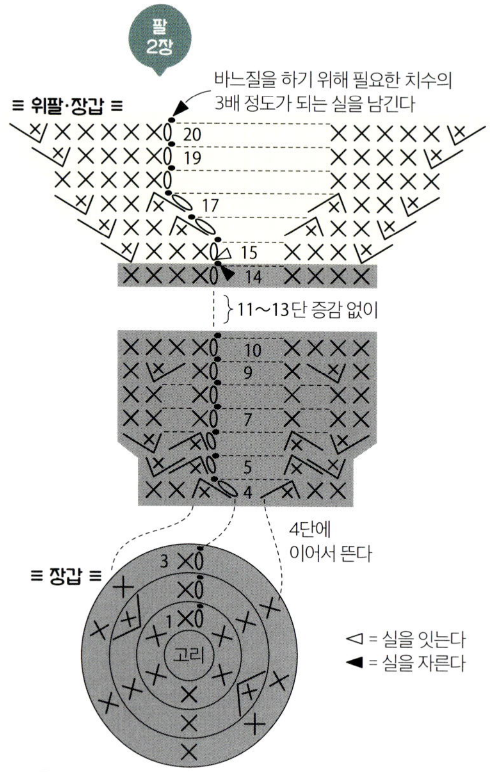

위팔·장갑

	단수	콧수	
위팔 (아이보리)	20	14	(+2코)
	19	12	(+2코)
	16~18	10	
	15	10	(+2코)
장갑 (블랙)	10~14	8	
	9	8	(+2코)
	5~8	6	
	4	6	(-2코)
	3	8	
	2	8	(+2코)
	1	6	

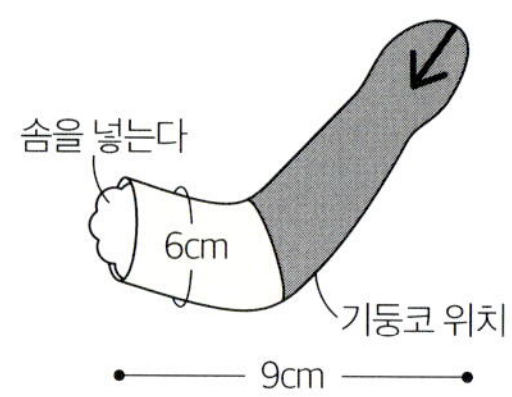

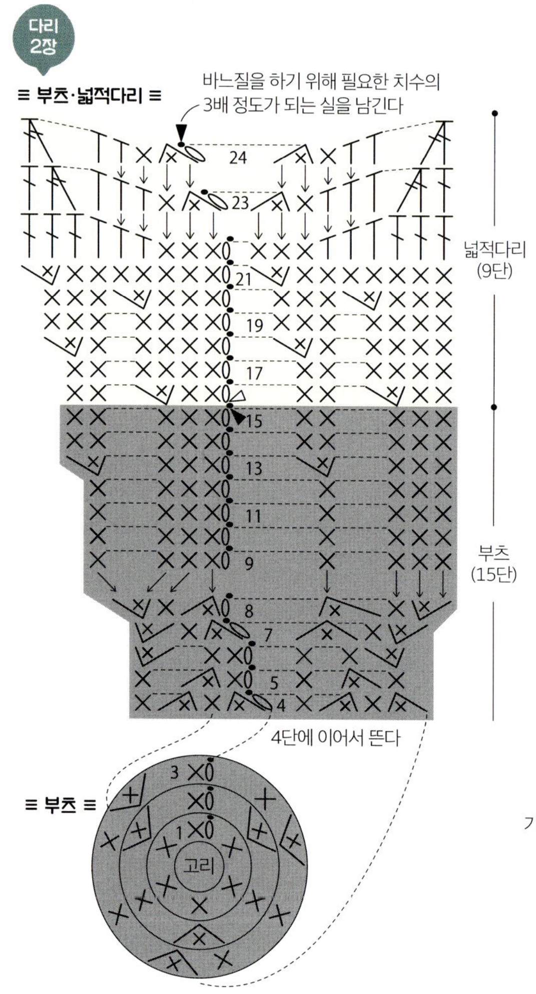

부츠·넓적다리

	단수	콧수	
넓적다리 (아이보리)	24	10	(-4코)
	23	14	(-4코)
	22	18	
	21	18	(+2코)
	20	16	(+2코)
	19	14	
	18	14	(+2코)
	17	12	
	16	12	(+2코)
부츠 (블랙)	14~15	10	
	13	10	(+2코)
	7~12	8	
	6	8	(+2코)
	5	6	(-2코)
	4	8	(-4코)
	3	12	(+3코)
	2	9	(+3코)
	1	6	

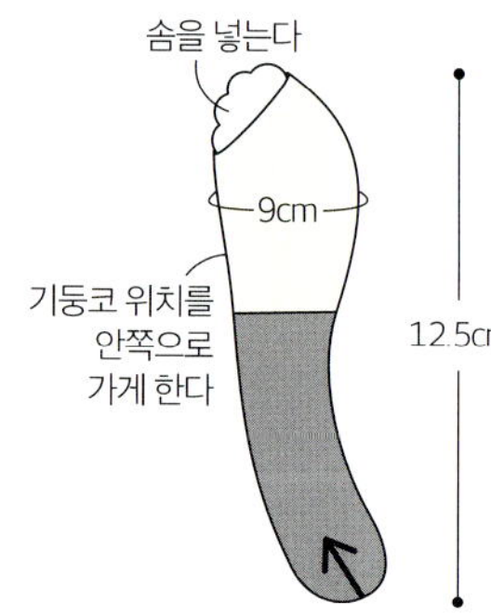

몸통 1장

≡ 머리·가슴 주위·코르셋 ≡

바느질을 하기 위해 필요한 치수의 3배 정도가 되는 실을 남긴다

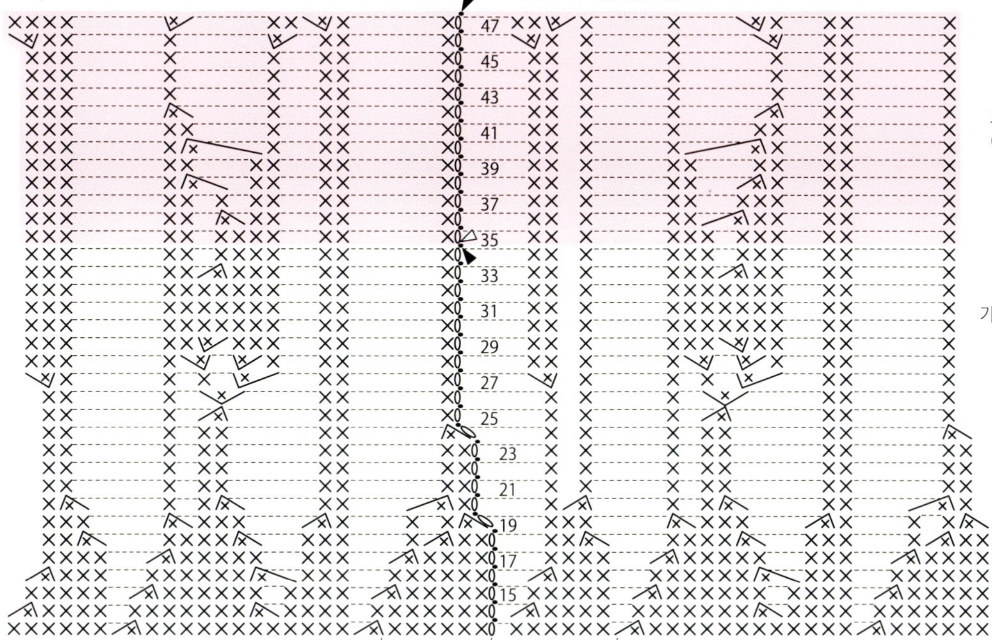

가슴 주위·코르셋

	단수	콧수	
코르셋 (핑크)	47	24	(+4코)
	46	20	(+4코)
	43~45	16	
	42	16	(-2코)
	41	18	
	40	18	(-2코)
	39	20	
	38	20	(-2코)
	37	22	
	36	22	(-2코)
	35	24	
가슴 주위 (아이보리)	34	24	
	33	24	(-2코)
	31~32	26	
	30	26	
	29	26	(+2코)
	28	24	(+4코)
	27	20	(+4코)
	26	16	(+2코)

≡ 머리 ≡

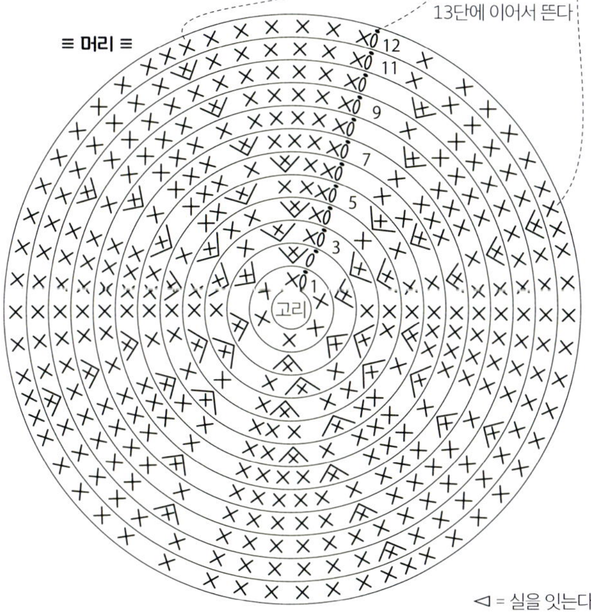

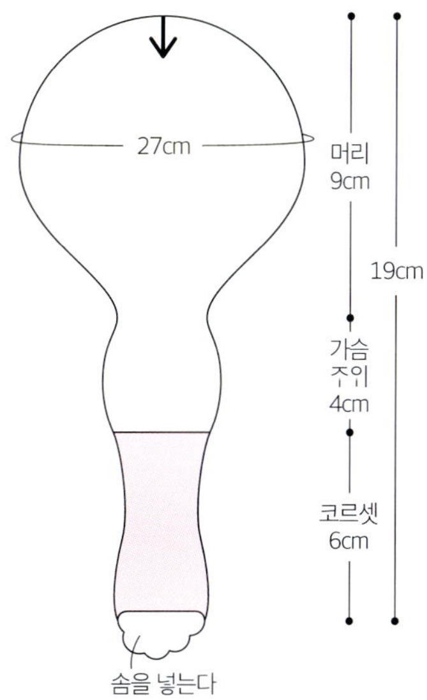

머리(아이보리)

단수	콧수	
25	14	(-2코)
24	16	(-2코)
21~23	18	
20	18	단마다 (-6코)
19	24	
18	30	
17	36	단마다 (-4코)
16	40	
15	44	
14	48	
13	52	
12	56	
11	56	단마다 (+4코)
10	52	
9	48	
8	44	
7	40	
6	36	단마다 (+6코)
5	30	
4	24	
3	18	
2	12	
1	6	

◁ = 실을 잇는다
◀ = 실을 자른다

가슴 2장

바느질을 하기 위해 필요한 치수의 3배 정도가 되는 실을 남긴다

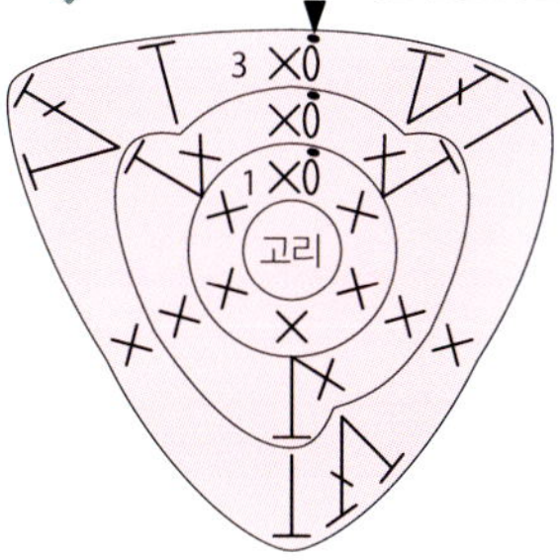

가슴(핑크)

단수	콧수	
3	12	단마다 (+3코)
2	9	
1	6	

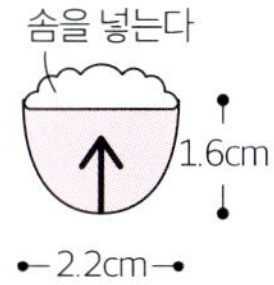

엉덩이 1장

엉덩이(핑크)

단수	콧수	
5	24	단마다 (+4코)
4	20	
3	16	
2	12	(+6코)
1	6	

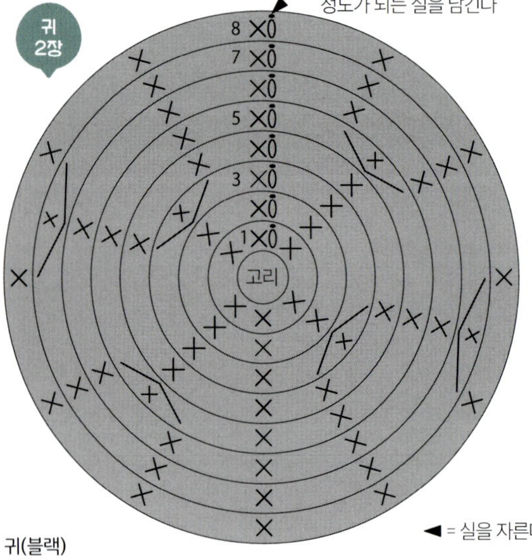

귀(블랙)

단수	콧수	
8	12	
7	12	(+2코)
6	10	
5	10	(+2코)
4	8	
3	8	(+2코)
2	6	
1	6	

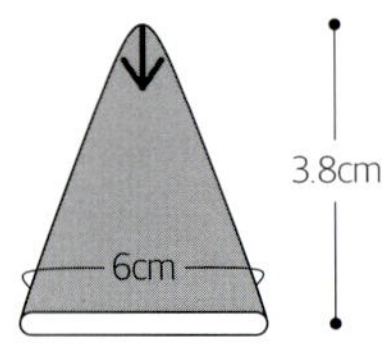

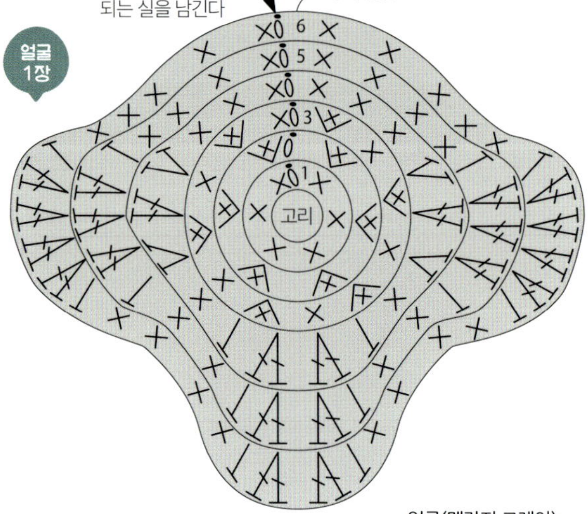

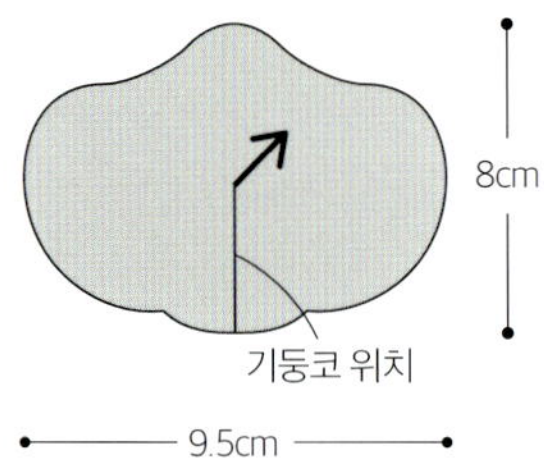

얼굴(멜란지 그레이)

단수	콧수	
6	44	(+10코)
5	34	(+8코)
4	26	(+8코)
3	18	(+6코)
2	12	(+6코)
1	6	

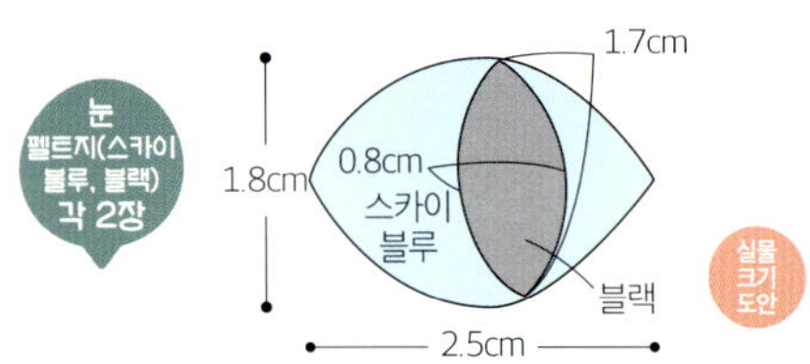

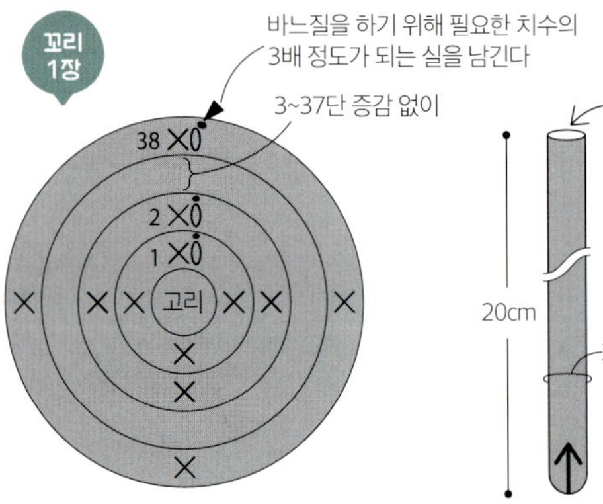

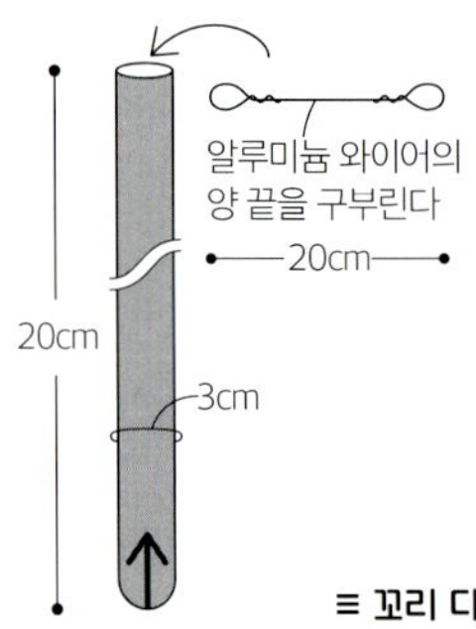

꼬리(블랙)

단수	콧수
2~38	4
1	4

마무리하기

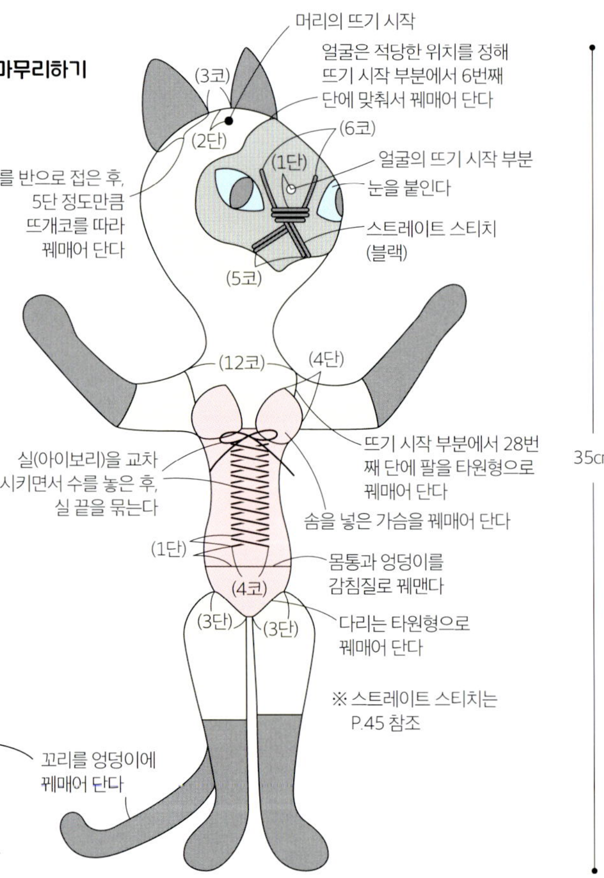

≡ 꼬리 다는 위치 ≡

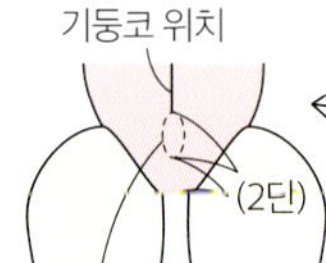

개구리 선원 미카엘

| 작품 | p.16

재료 및 도구

실

리치모어 퍼센트

네이비(28) 15g, 그래스 그린(13) 10g, 화이트(1) 5g, 다크 스카이 블루(44) 3g, 다크 핑크(75) 2g, 블랙(90) 1g

바늘

코바늘 4/0호(2.5mm)

부재료

방울솜 약 10g, 목공용 본드, 수예용 올 풀림 방지액

소품용 … 펠트지(레드·화이트) 각 8cm ×5cm, 발사 목재 지름 4mm×8cm, 커터

완성 사이즈

전체 길이 22cm

뜨는 방법

1. 각 부분을 뜨고 솜을 넣습니다

각 부분을 뜬 후 각각에 방울솜을 넣습니다.

2. 모든 부분을 연결합니다

몸통(머리·몸판)과 엉덩이를 감침질로 연결합니다. 팔과 다리는 틀어지기 쉽기 때문에 팔꿈치와 무릎의 각도를 고려해서 임시 고정한 후, 각각의 같은 색 실로 꿰매어 답니다.

3. 마무리합니다

눈, 모자, 세일러 칼라를 시침핀으로 임시 고정한 후 적당한 위치에 꿰매어 답니다. 폼폼과 깃발을 만들어 모자와 손바닥에 각각 꿰매어 답니다.

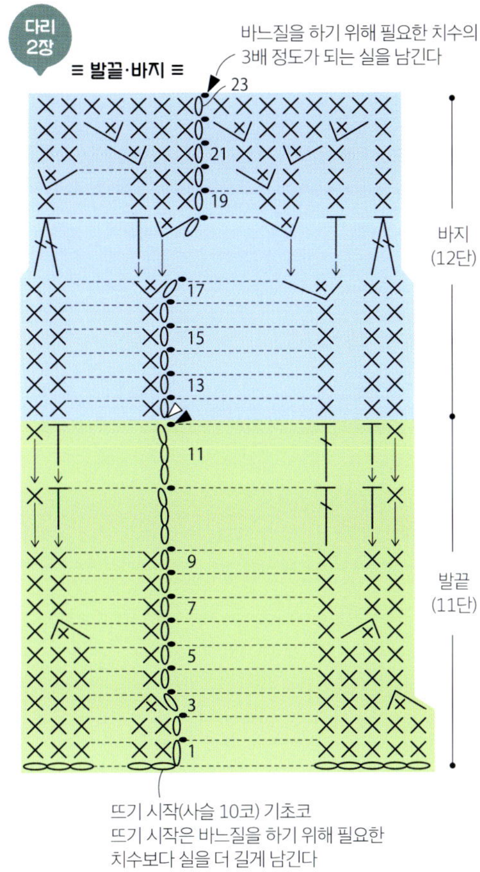

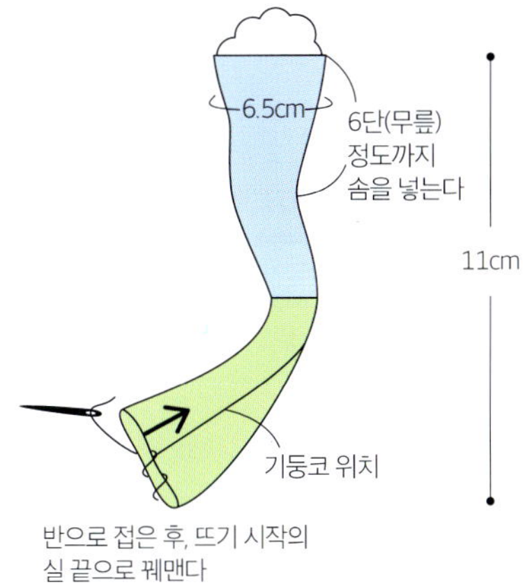

발끝·바지

	단수	콧수	
바지 (네이비)	23	15	
	22	15	(+3코)
	21	12	단마다 (+2코)
	20	10	
	17~19	8	
	12~16	6	
발끝 (그래스 그린)	9~11	6	
	6	6	(-2코)
	4~5	8	
	3	8	(-2코)
	1~2	10	

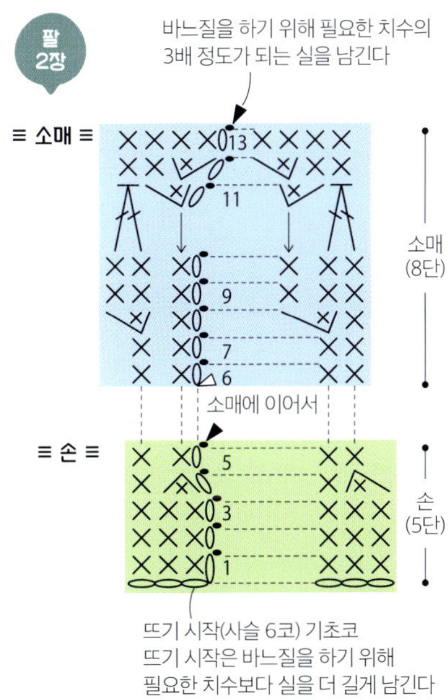

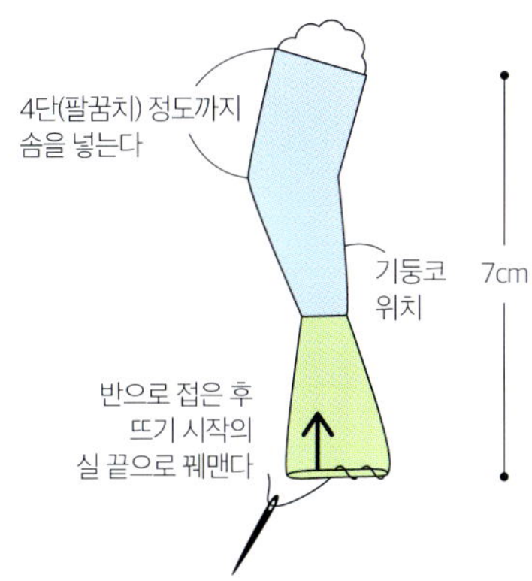

손·소매

	단수	콧수	
소매 (네이비)	13	8	
	12	8	(+2코)
	9~11	6	
	8	6	(+2코)
	6~7	4	
손(그래스 그린)	5	4	
	4	4	(-2코)
	1~3	6	

몸통 1장

≡ 몸판 ≡

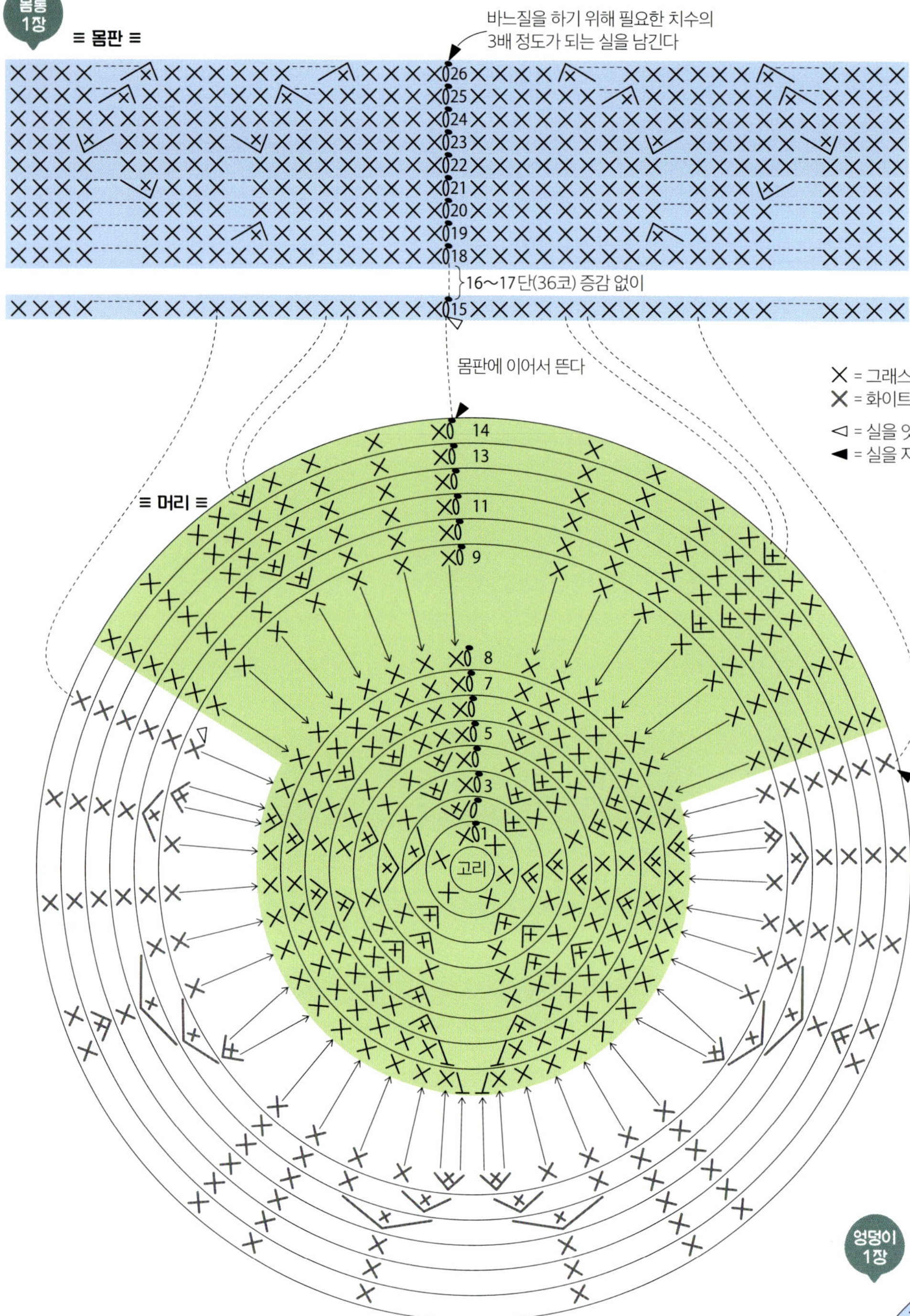

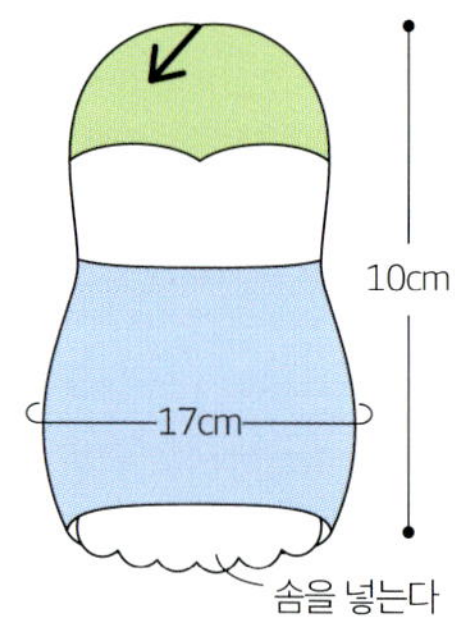

기둥코 위치를
뒤 중심으로 가게 한다

× = 그래스 그린
× = 화이트
◁ = 실을 잇는다
◀ = 실을 자른다

머리·몸판

구분	단수	콧수	증감
몸판(네이비)	26	32	(-4코)
	25	36	(-4코)
	24	40	
	23	40	(+4코)
	22	36	
	21	36	(+2코)
	20	34	
	19	34	(-2코)
	16~18	36	
	15	36	
머리 (×=그래스 그린 / ×=화이트)	14	36	(+2코)
	13	34	(+2코)
	12	32	
	11	32	(-2코)
	10	34	(-4코)
	9	38	(-6코)
머리 (그래스 그린)	8	44	(+4코)
	7	40	(+4코)
	6	36	단마다 (+6코)
	5	30	
	4	24	
	3	18	
	2	12	
	1	6	

엉덩이 1장

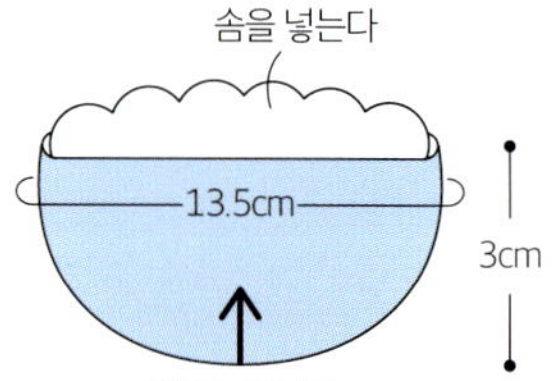

기둥코 위치를
뒤 중심으로 가게 한다

엉덩이(네이비)

단수	콧수	증감
7	32	단마다 (+4코)
6	28	
5	24	
4	20	
3	16	
2	12	(+6코)
1	6	

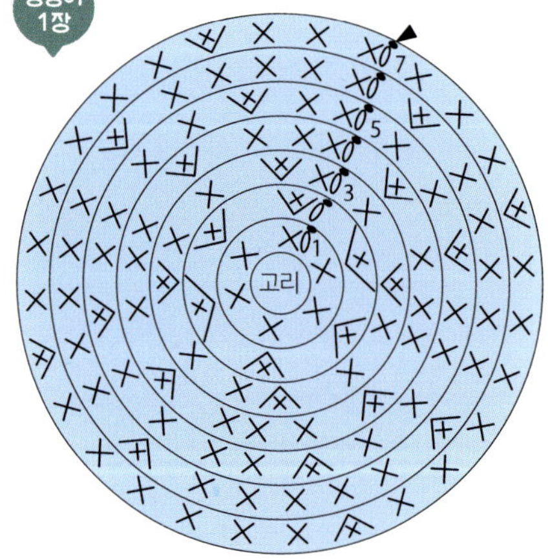

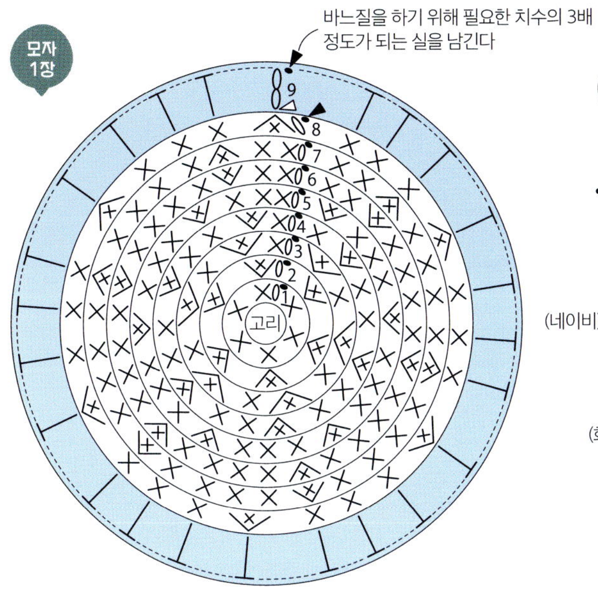

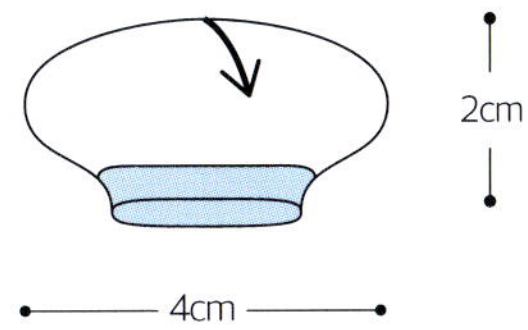

모자

	단수	콧수	
(네이비)	9	24	
(화이트)	8	24	(-6코)
	7	30	(-6코)
	6	36	단마다 (+6코)
	5	30	
	4	24	
	3	18	
	2	12	
	1	6	

◁ = 실을 잇는다
◀ = 실을 자른다

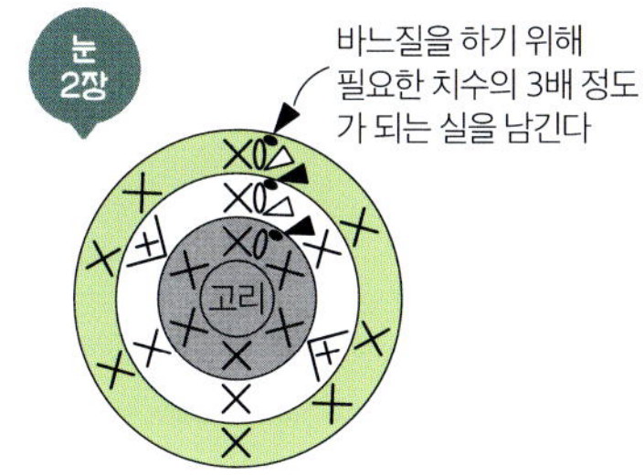

눈

	단수	콧수	
(그래스 그린)	3	8	
(화이트)	2	8	(+2코)
(블랙)	1	6	

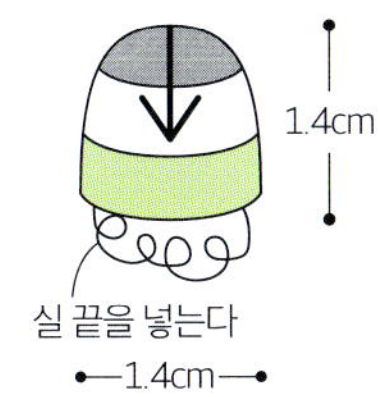

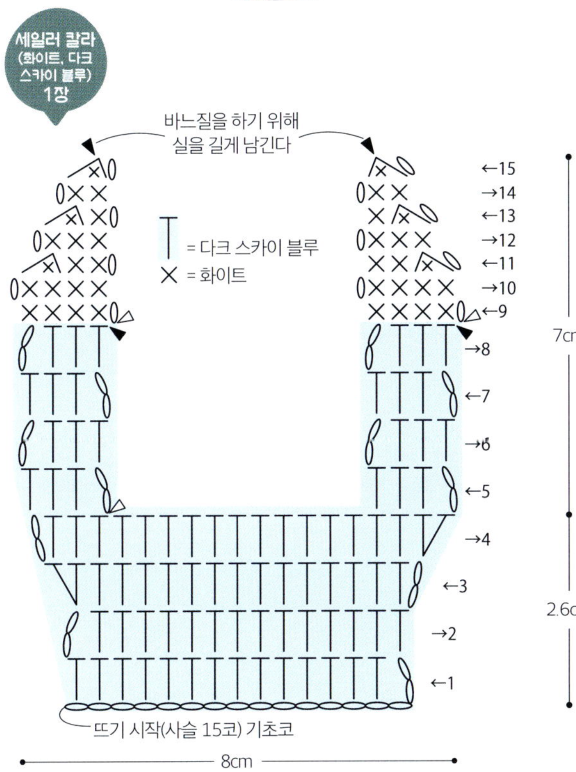

마무리하기

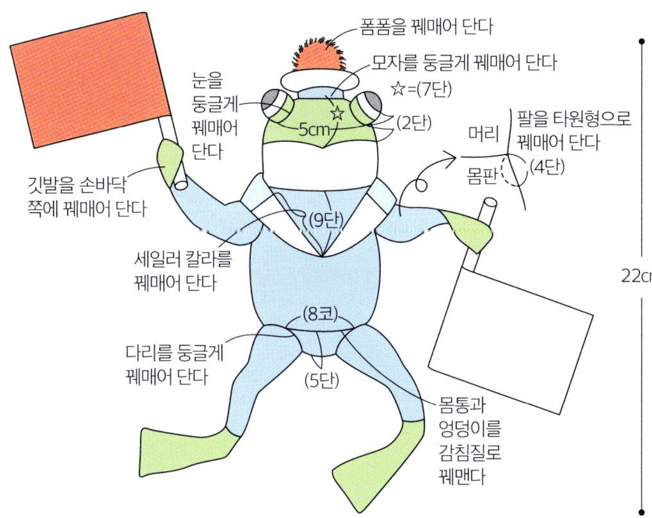

≡ 폼폼 만드는 방법 ≡

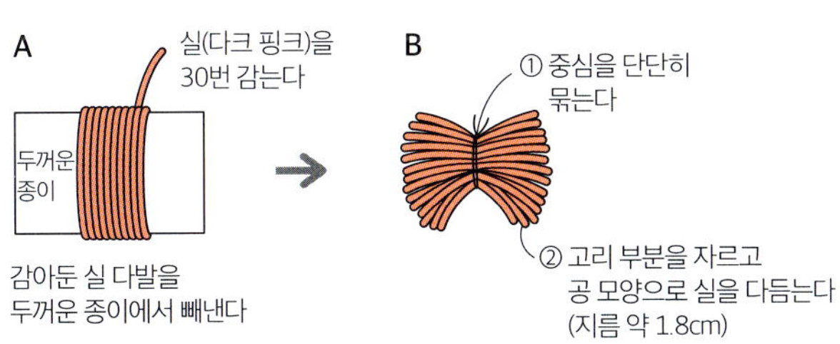

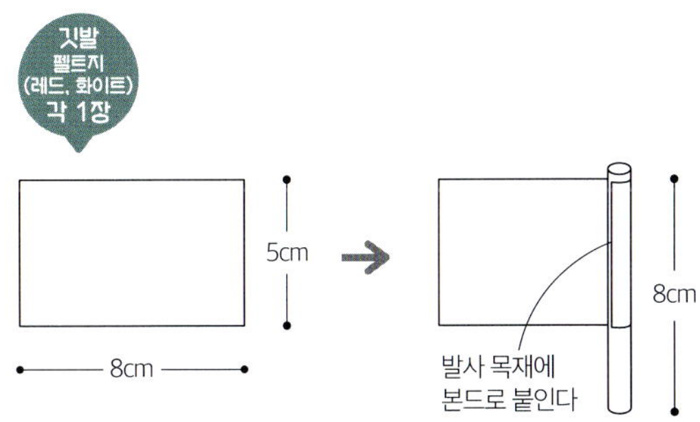

세탁소 주인 마거리트

| 작품 | p.20

재료 및 도구

실

다이아몬드 다이아에포카

멜란지 레드(375) 30g, 라이트 브라운(352) 17g, 다크 브라운(350) 10g, 화이트(301) 8g, 브라운(351) 8g

바늘

코바늘 5/0호(3mm)

부재료

인형솜 약 30g, 펠트지(옐로 그린·다크 브라운) 각 3cm×1.5cm, 목공용 본드, 수예용 올풀림 방지액

소품용 … 발사 목재 6cm×10cm×두께 5mm, 아크릴 물감(다크 브라운), 커터, 붓

완성 사이즈

전체 길이 28cm

뜨는 방법

1. 각 부분을 뜨고 솜을 넣습니다

각 부분을 뜨고 몸통의 머리 부분은 적당히, 나머지 몸판은 충분히 솜을 채워 넣습니다. 팔과 다리는 손 부분과 신발 끝부분에 충분히 솜을 채워 넣습니다. 그 외의 부분은 도안을 참조하여 필요에 따라 솜을 넣습니다.

2. 모든 부분을 연결합니다

몸통과 엉덩이를 감침질로 연결합니다. 팔(손·소매)과 다리(신발·속바지), 꼬리, 보타이를 꿰매어 답니다. 얼굴은 각 부분을 시침핀으로 임시 고정한 후, 적당한 위치에 꿰매어 답니다.

3. 마무리합니다

얼굴에 눈을 붙이고 입을 수놓습니다. 허리에 앞치마를 두르고 뒤에서 끈을 묶습니다. 발사 목재로 빨래판을 만든 후 손에 꿰매어 고정합니다.

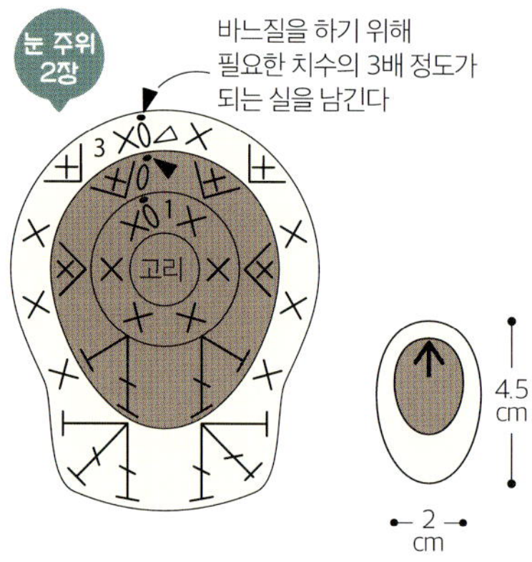

눈 주위

	단수	콧수	
(화이트)	3	18	(+6코)
(다크 브라운)	2	12	(+6코)
	1	6	

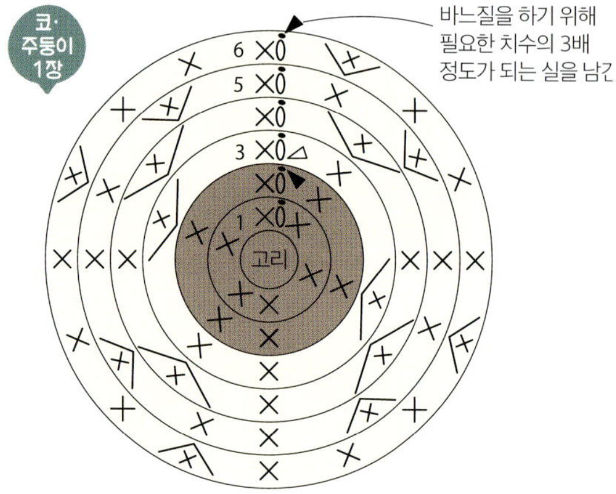

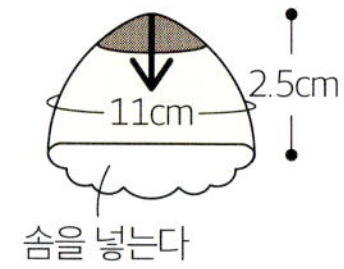

코·주둥이

	단수	콧수	
주둥이 (화이트)	6	20	단마다 (+4코)
	5	16	
	4	12	
	3	8	(+2코)
코(다크 브라운)	2	6	
	1	6	

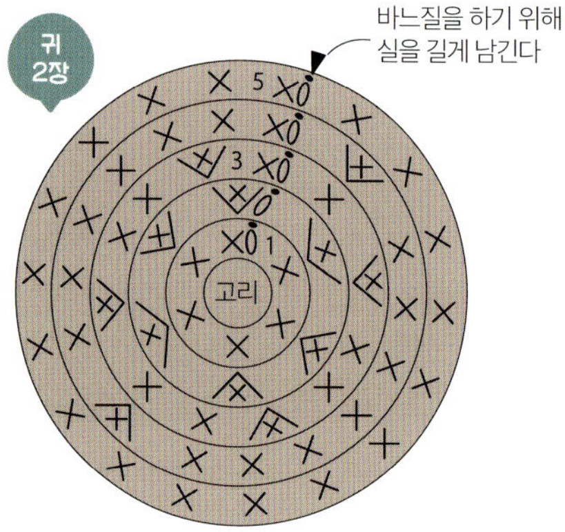

귀(브라운)

단수	콧수	
5	18	
4	18	(+2코)
3	16	(+4코)
2	12	(+6코)
1	6	

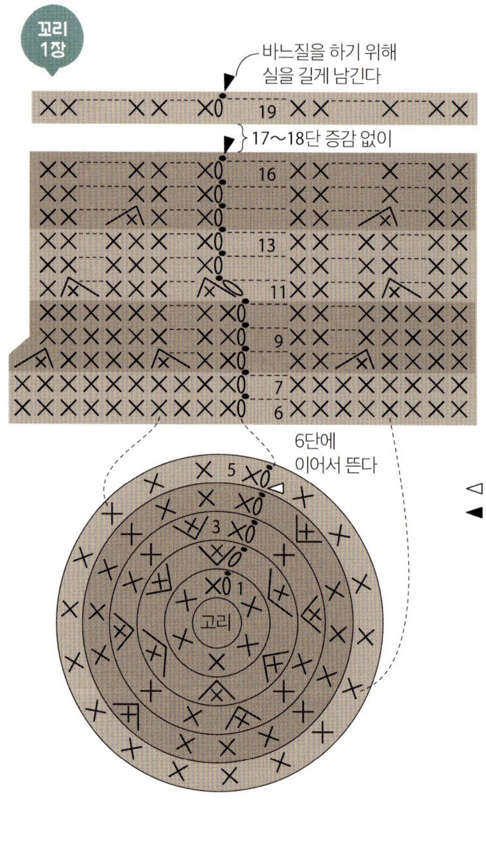

◁ = 실을 잇는다
◀ = 실을 자른다

꼬리

	단수	콧수	
△	17~19	10	
▲	15~16	10	
	14	10	(-2코)
△	12~13	12	
	11	12	(-3코)
▲	9~10	15	
(브라운)=△	8	15	(-3코)
	5~7	18	
(다크 브라운)=▲	4	18	(+2코)
	3	16	(+4코)
	2	12	(+6코)
	1	6	

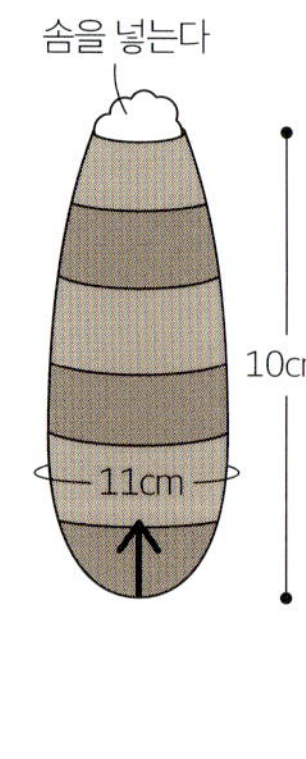

몸통 1장

≡ 스커트·몸판·머리 ≡

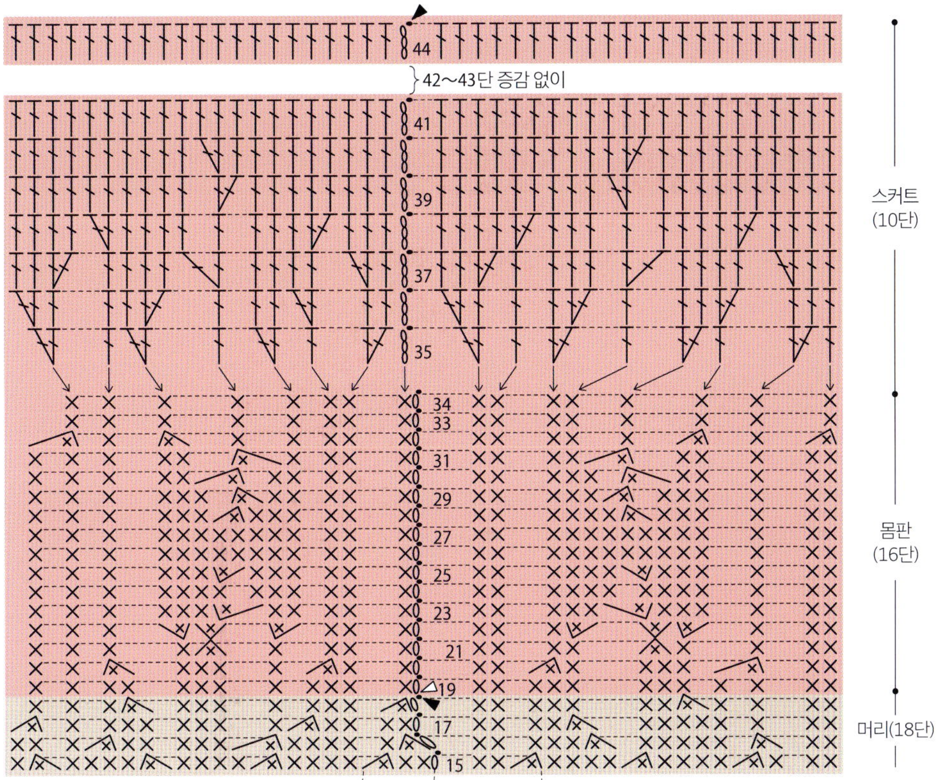

스커트·몸판

	단수	콧수	
스커트 (멜란지 레드)	41~44	44	
	40	44	(+2코)
	39	42	(+2코)
	38	40	(+4코)
	37	36	(+6코)
	36	30	(+6코)
	35	24	(+8코)
몸판 (멜란지 레드)	33~34	16	
	32	16	(-4코)
	31	20	단마다 (-2코)
	30	22	
	29	24	
	28	26	
	26~27	28	
	25	28	(+2코)
	24	26	
	23	26	(+2코)
	22	24	(+6코)
	21	18	(-2코)
	20	20	(-4코)
	19	24	

머리

	단수	콧수	
머리 (라이트 브라운)	18	24	(-3코)
	17	27	(-3코)
	16	30	(-5코)
	15	35	(-7코)
	14	42	(-6코)
	13	48	(-20코)
	12	68	(+12코)
	11	56	단마다 (+4코)
	10	52	
	9	48	
	8	44	
	7	40	
	6	36	단마다 (+6코)
	5	30	
	4	24	
	3	18	
	2	12	
	1	6	

15단에 이어서 뜬다

◁ = 실을 잇는다
◀ = 실을 자른다

≡ 머리 ≡

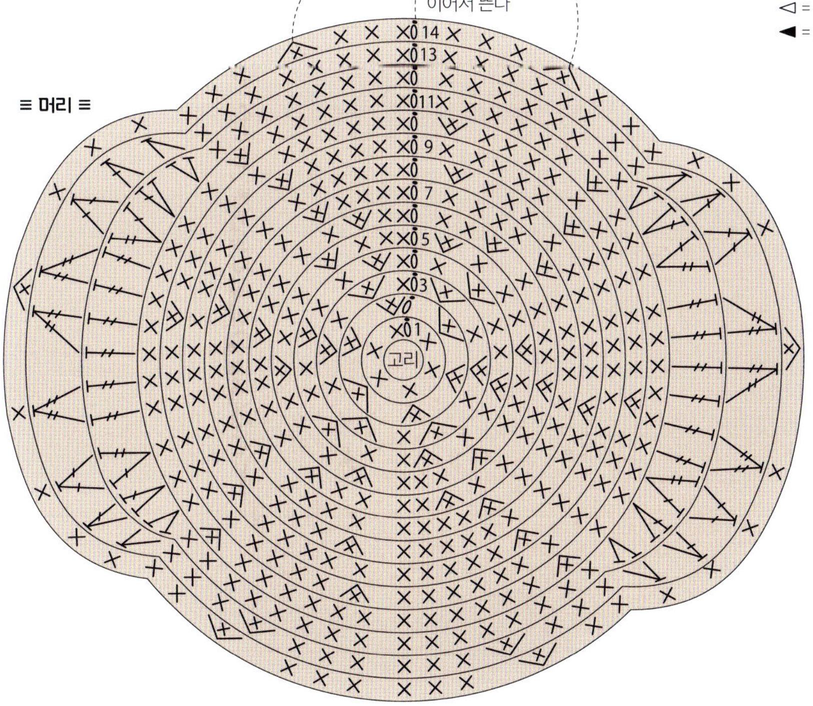

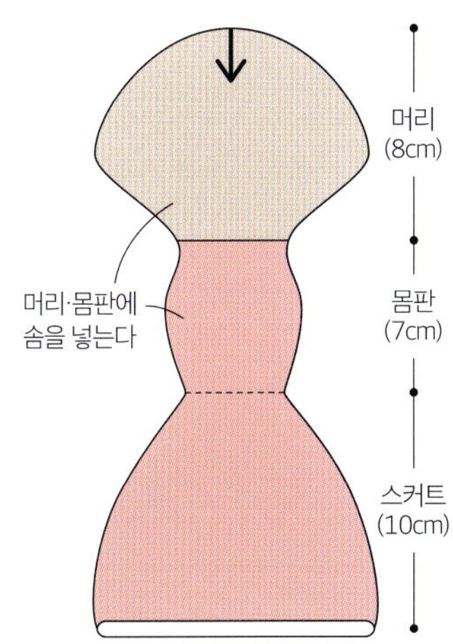

※ 기둥코 위치를 뒤쪽으로 가게 한다

다리 2장

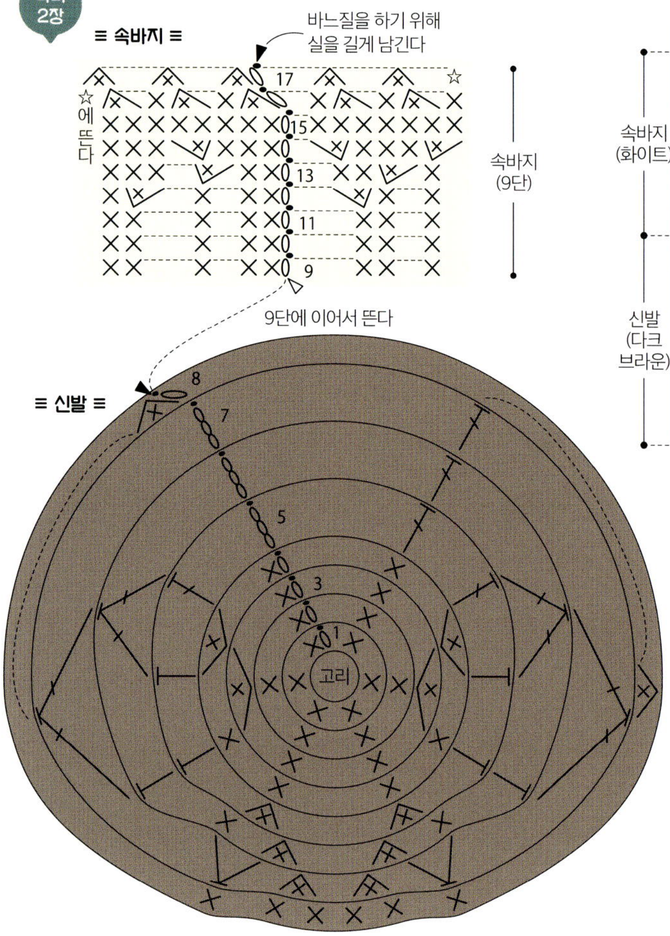

신발·속바지

	단수	콧수	
속바지 (화이트)	17	5	(-5코)
	16	10	(-5코)
	15	15	
	14	15	(+3코)
	13	12	(+2코)
	12	10	(+2코)
	9~11	8	
신발 (다크 브라운)	8	8	(-2코)
	7	10	(-2코)
	6	12	
	5	12	단마다 (+2코)
	4	10	
	3	8	
	2	6	
	1	6	

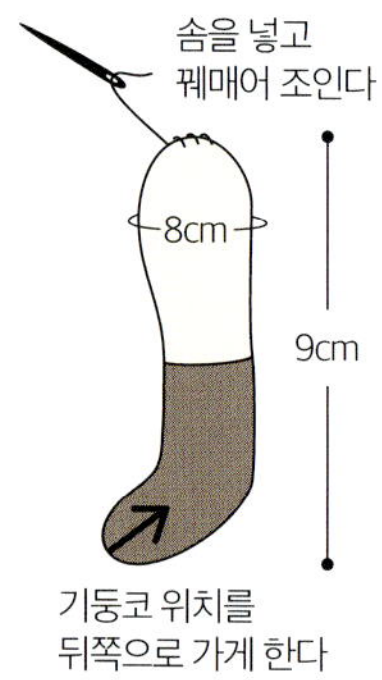

엉덩이 1장

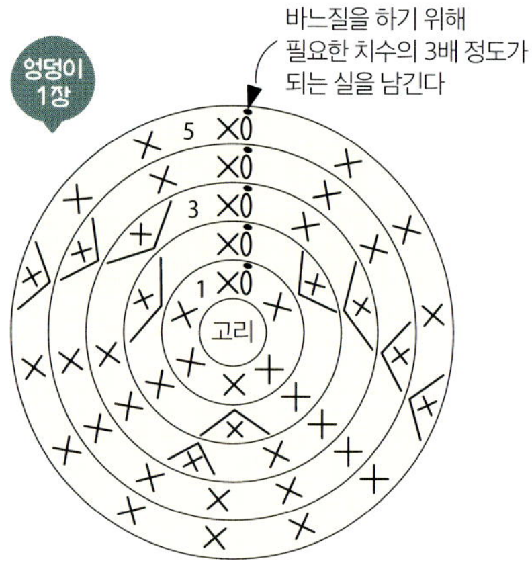

엉덩이(화이트)

단수	콧수	
5	16	(+2코)
4	14	(+2코)
3	12	(+3코)
2	9	(+3코)
1	6	

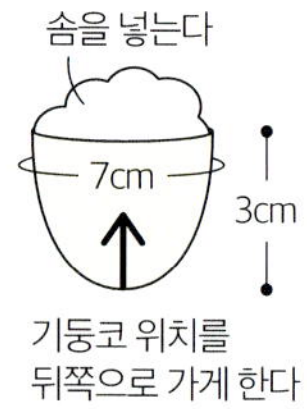

팔 2장

◁ = 실을 잇는다
◀ = 실을 자른다

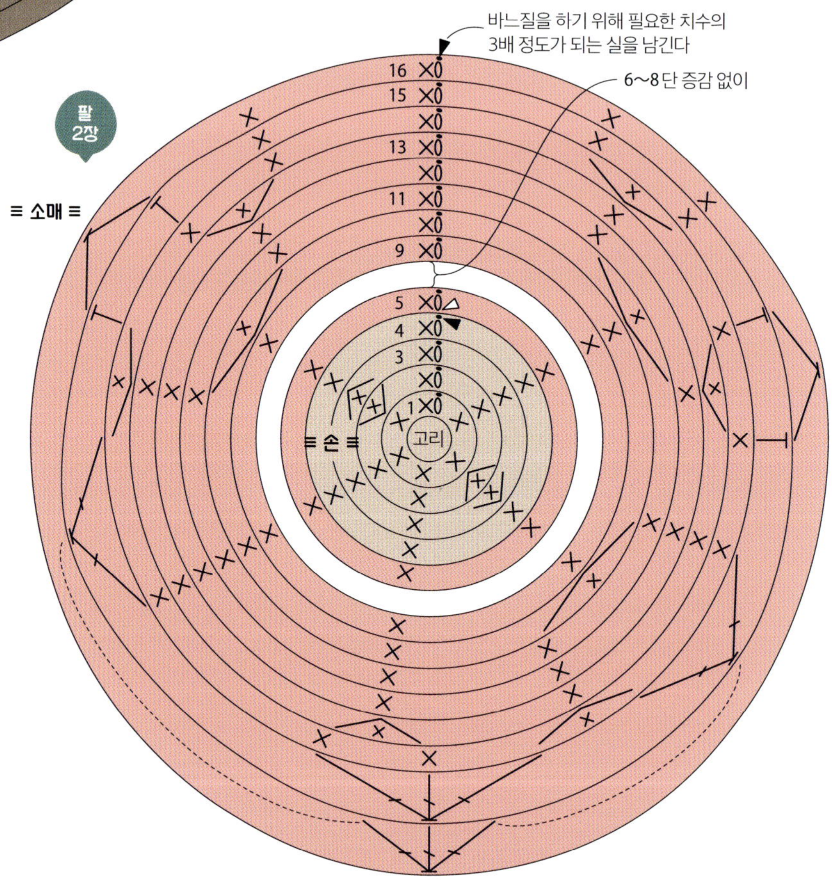

손·소매

	단수	콧수	
소매 (멜란지 레드)	16	7	(-4코)
	15	11	(-4코)
	14	15	(+3코)
	13	12	(+3코)
	12	9	
	11	9	(+1코)
	10	8	(+2코)
	5~9	6	
손 (라이트 브라운)	4	6	
	3	6	(-2코)
	2	8	(+2코)
	1	6	

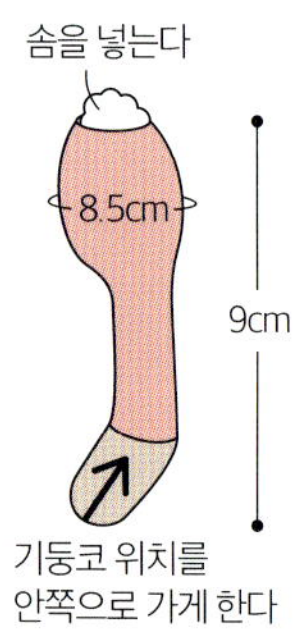

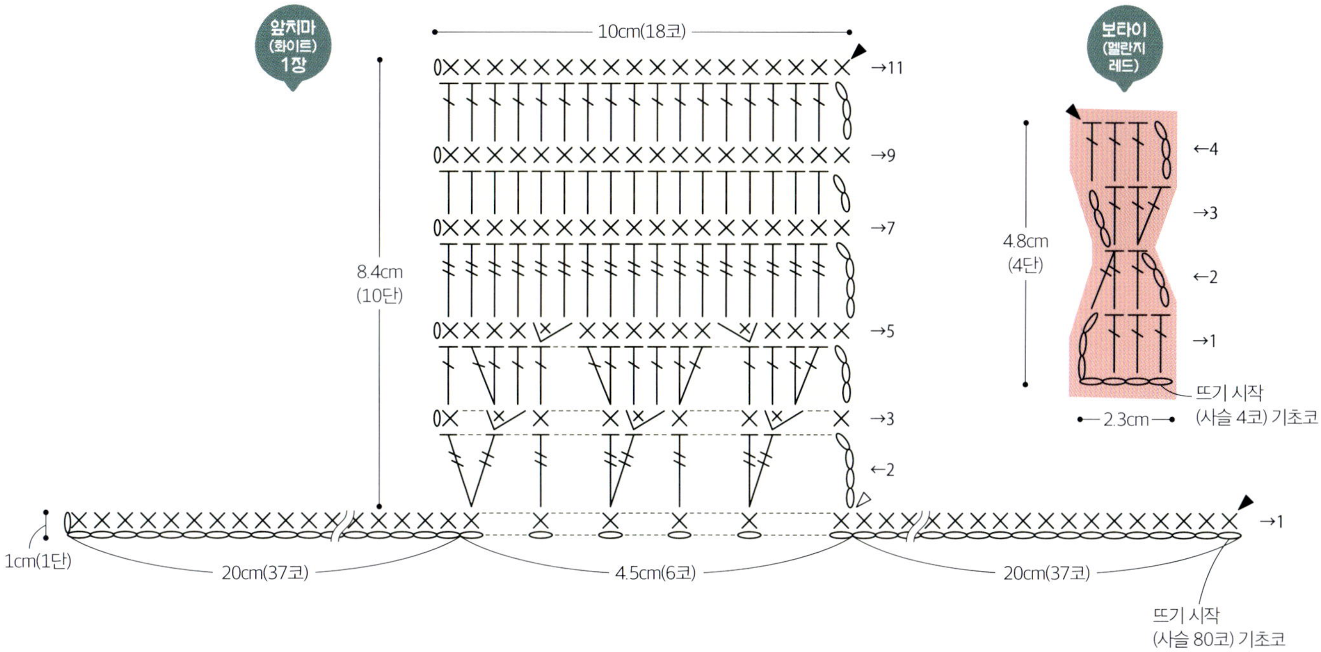

◁ = 실을 잇는다
◀ = 실을 자른다

≡ 귀 다는 위치 ≡

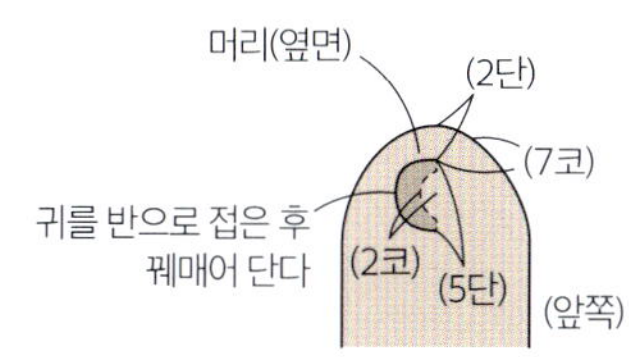

≡ 꼬리 다는 위치 ≡

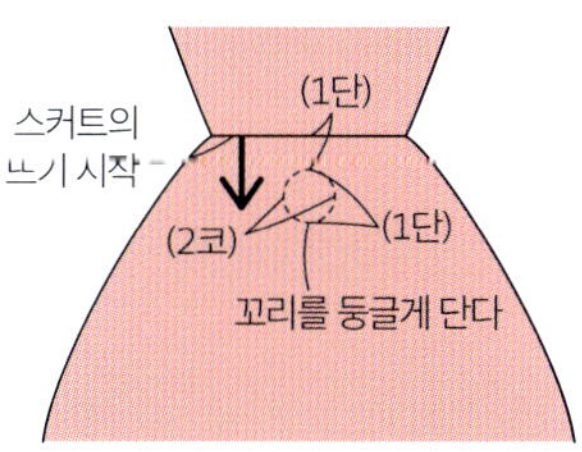

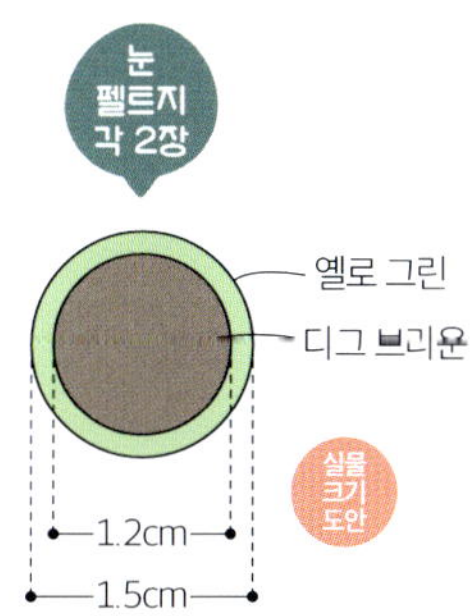

마무리하기

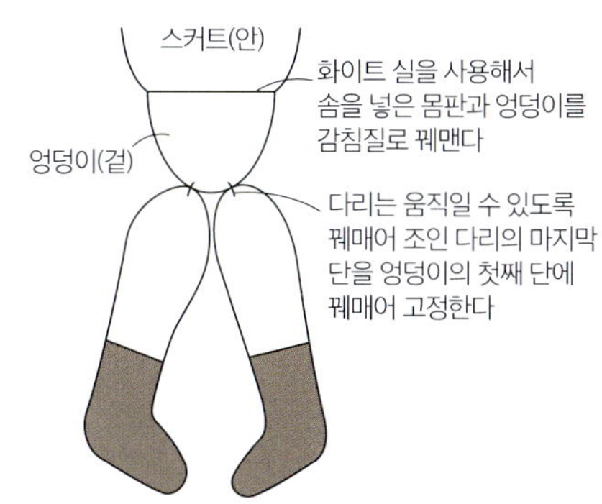

부엉이 장로 마리우스

| 작품 | p.22

재료 및 도구

실

하마나카 엑시드 울 L《병태사》

베이지(304) 18g, 옐로 베이지(319) 17g, 브라운(333) 16g, 골드(351) 7g, 크림(302) 6g, 다크 브라운(305) 2g

바늘

코바늘 5/0호(3mm)

부재료

방울솜 약 20g

완성 사이즈

전체 길이 14cm(볏은 포함하지 않는다)

뜨는 방법

1. 각 부분을 뜨고 솜을 넣습니다

각 부분을 뜬 후, 몸통(머리·몸통)과 엉덩이에 방울솜을 넣고 감침질로 꿰맵니다.

포인트 꿰맬 때는 돗바늘로 방울솜을 줍지 않도록 주의합니다. 뜨개코에서 솜이 비어져 나오면 깔끔하게 마무리되지 않습니다.

2. 모든 부분을 연결합니다

날개, 다리, 꼬리를 각각의 같은 색 실로 몸통에 꿰매어 답니다.

3. 마무리합니다

얼굴, 눈, 부리를 머리에 시침핀으로 임시 고정한 후, 적당한 위치에 꿰매어 답니다. 볏을 꿰매어 고정합니다.

앞

뒤

얼굴 1장

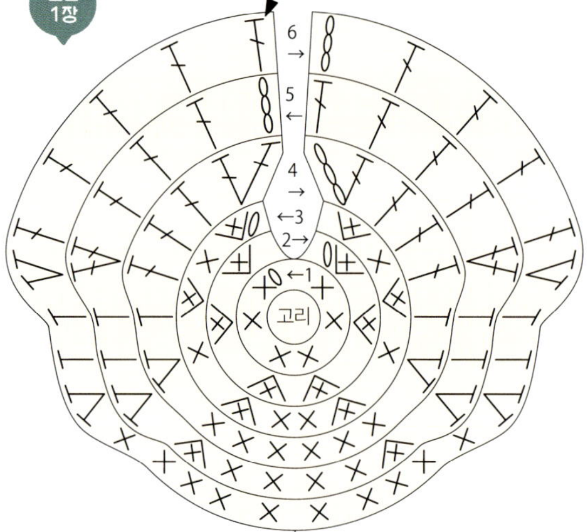

얼굴(크림)

단수	콧수	
6	32	(+4코)
5	28	(+6코)
4	22	(+4코)
3	18	단마다 (+6코)
2	12	
1	6	

'실 감아 원형코 만들기'로 기초코를 만든 후, 왕복뜨기로 6단 뜬다

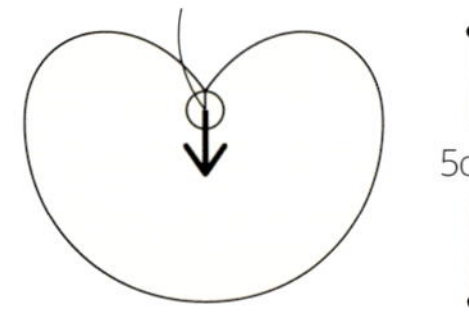

엉덩이 1장

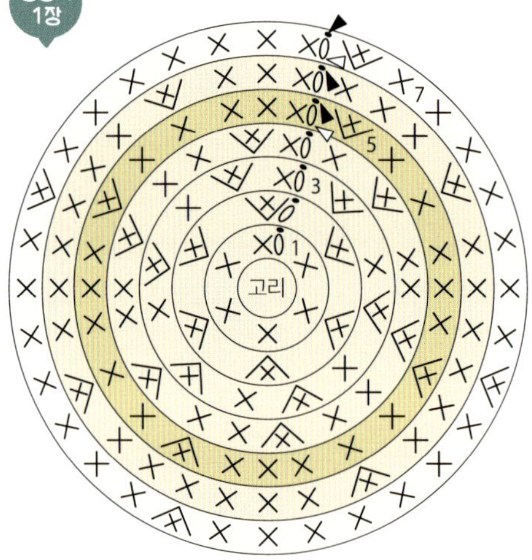

엉덩이

	단수	콧수	
(크림)	7	36	단마다 (+4코)
(베이지)	6	32	
(옐로 베이지)	5	28	
(베이지)	4	24	단마다 (+6코)
	3	18	
	2	12	
	1	6	

솜을 넣는다

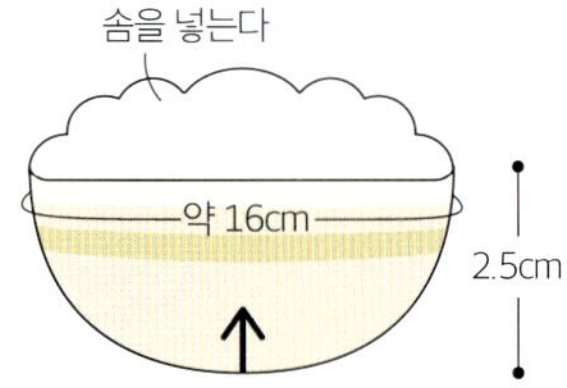

꼬리 1장

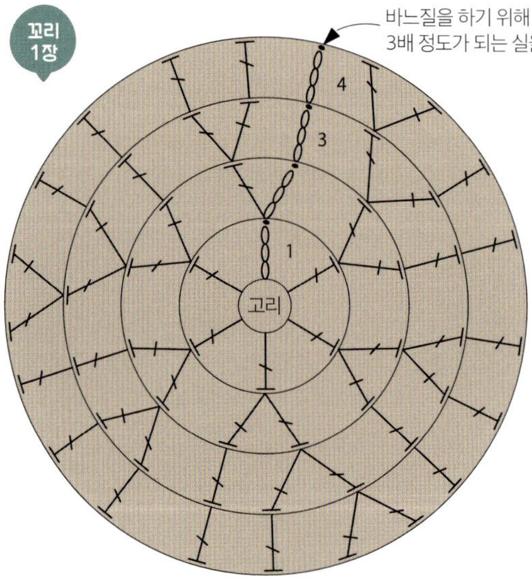

◁ = 실을 잇는다
◀ = 실을 자른다

꼬리(브라운)

단수	콧수	
4	21	(+3코)
3	18	(+6코)
2	12	(+6코)
1	6	

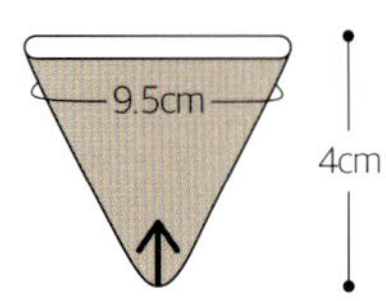

기둥코 위치를 뒤쪽으로 가게 해서 반으로 접는다

몸통 1장

≡ 몸통 ≡

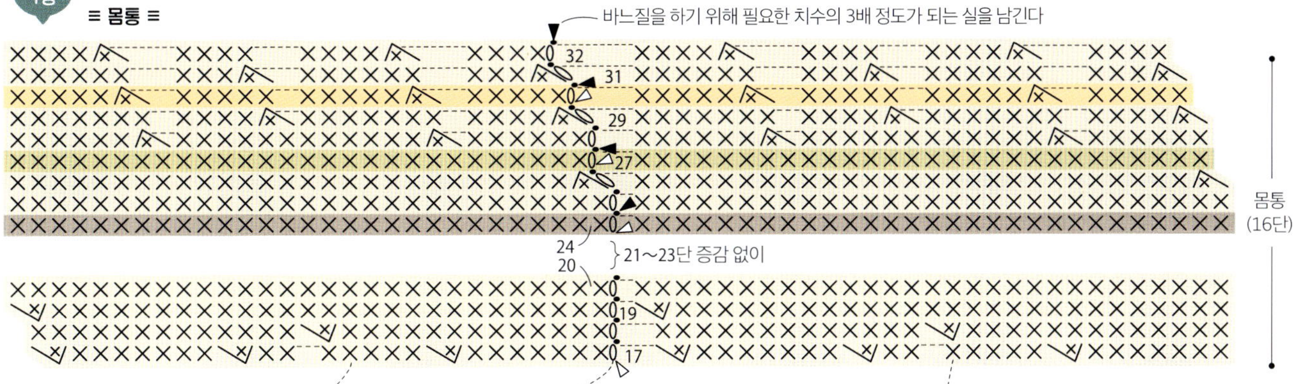

≡ 머리 ≡

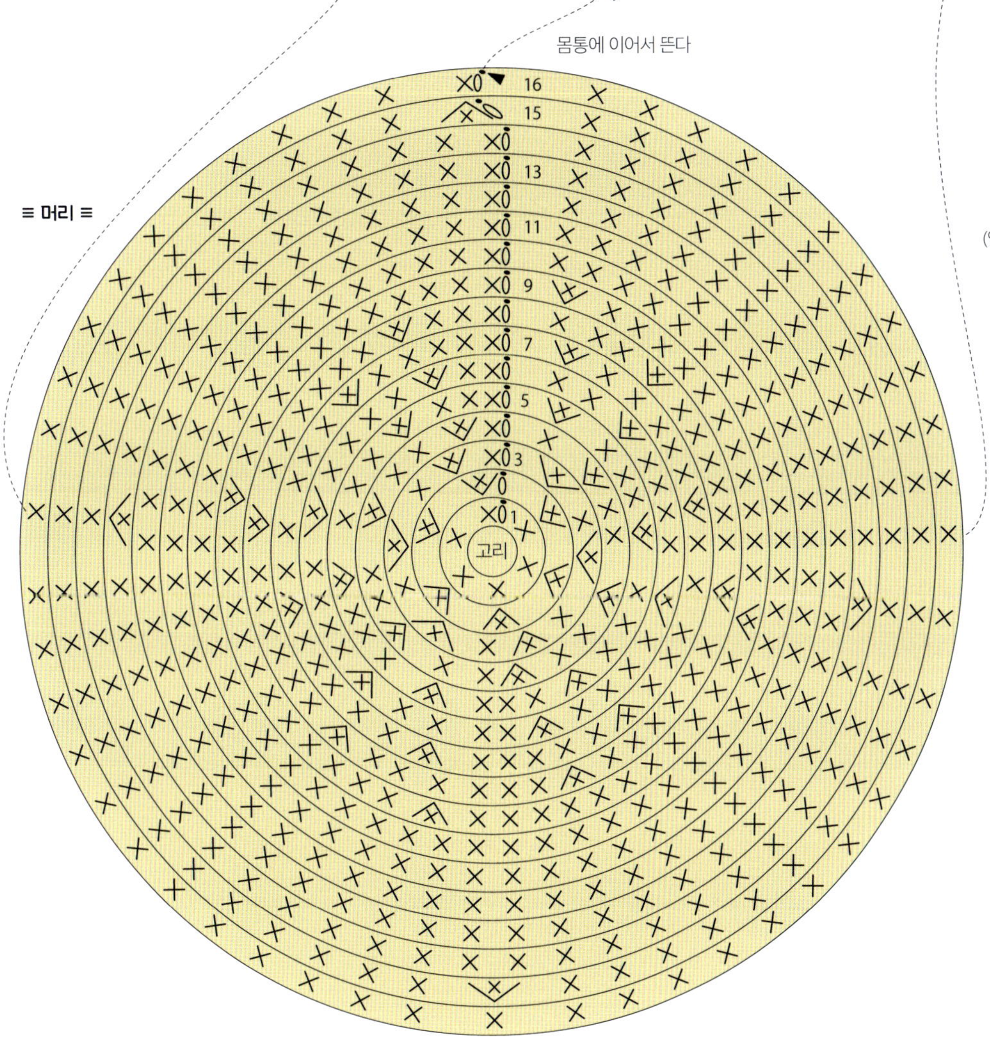

몸통

	단수	콧수	
(베이지)	32	36	단마다 (-4코)
	31	40	
(골드)	30	44	
(베이지)	29	48	
	28	52	
(옐로 베이지)	27	56	
(베이지)	26	56	(-2코)
	25	58	
(브라운)	24	58	
(베이지)	20~23	58	
	19	58	(+2코)
	18	56	(+2코)
	17	54	(+6코)

머리(옐로 베이지)

단수	콧수	
16	48	
15	48	(-2코)
14	50	
13	50	(-2코)
10~12	52	
9	52	(+4코)
8	48	단마다 (+6코)
7	42	
6	36	
5	30	
4	24	
3	18	
2	12	
1	6	

눈 2장

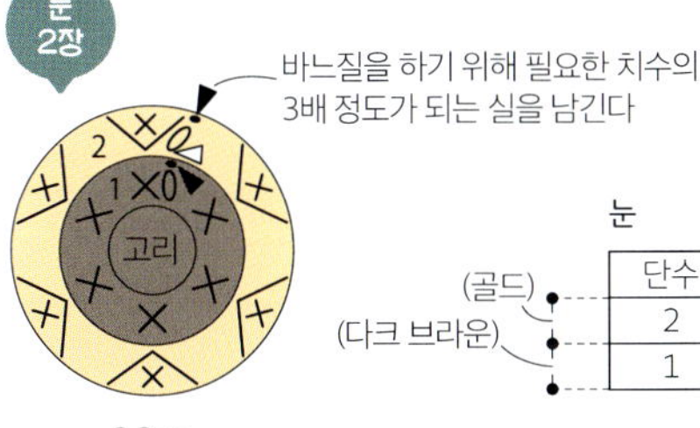

눈

	단수	콧수	
(골드)	2	12	(+6코)
(다크 브라운)	1	6	

◁ = 실을 잇는다
◀ = 실을 자른다

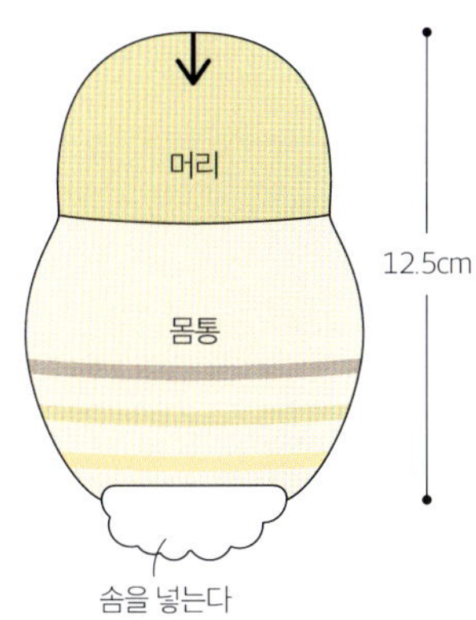

날개 2장

바느질을 하기 위해 필요한 치수(원둘레)의 3배 정도가 되는 실을 남긴다

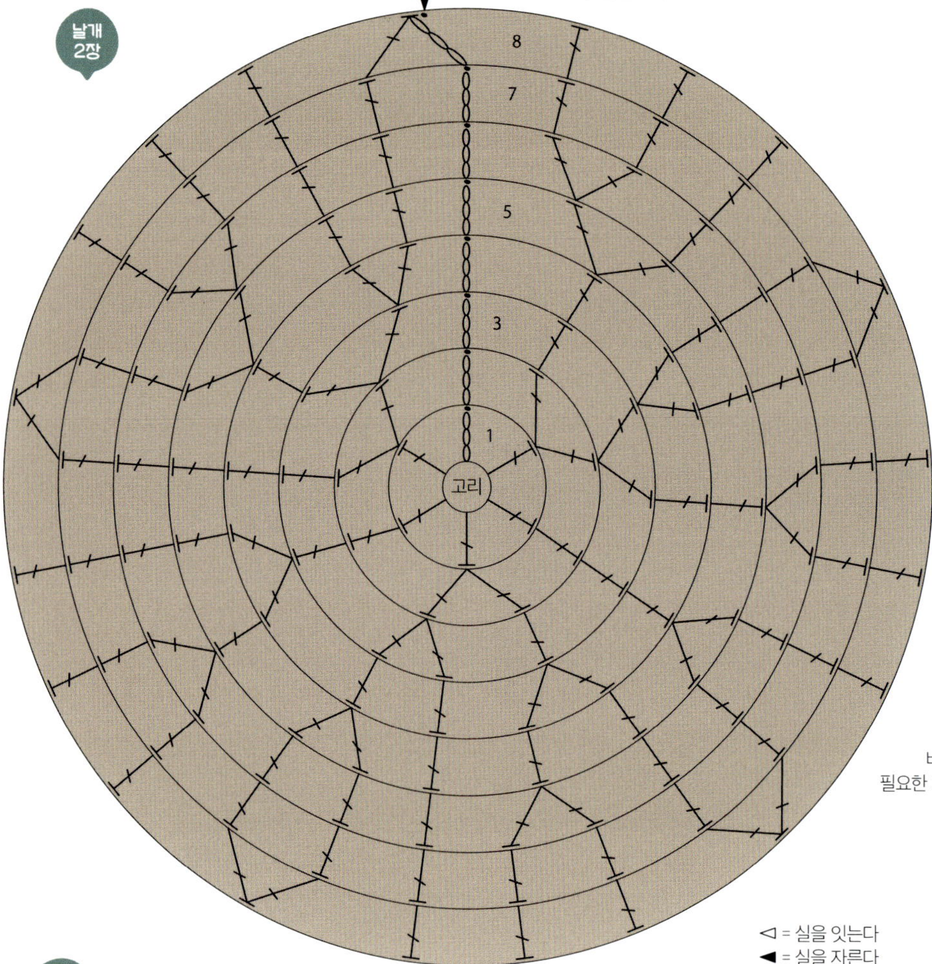

◁ = 실을 잇는다
◀ = 실을 자른다

날개(브라운)

단수	콧수	
8	20	(-5코)
7	25	
6	25	(+5코)
5	20	(+4코)
4	16	(+4코)
3	12	(+3코)
2	9	(+3코)
1	6	

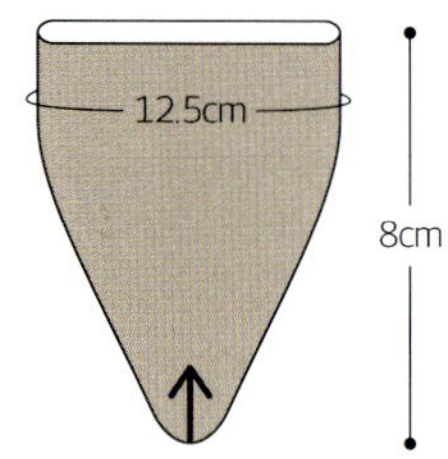

기둥코 위치를 뒤쪽으로 가게 해서 반으로 접는다

부리 (다크 브라운) 1장

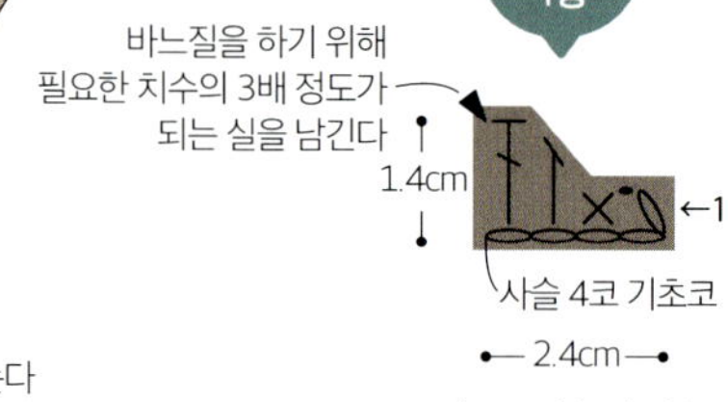

기초코(사슬)의 사슬코 산을 주워서 뜬다

다리 (골드) 2장

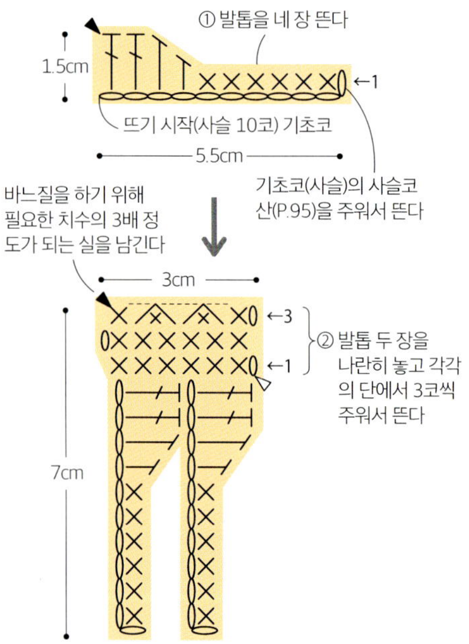

마무리하기

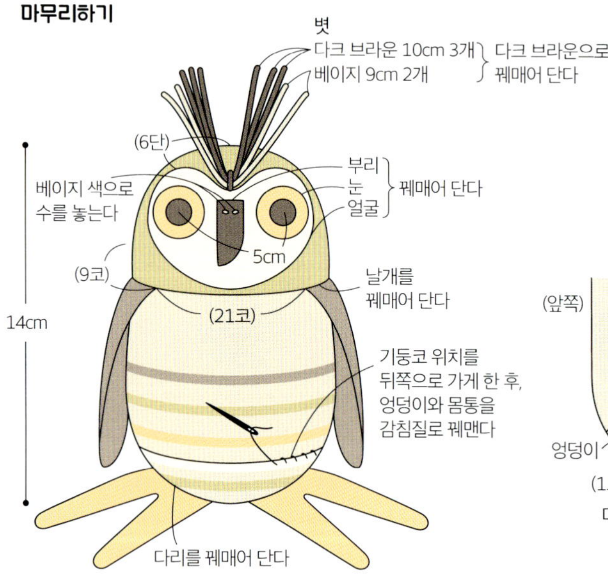

≡ 다리·꼬리 다는 위치 ≡

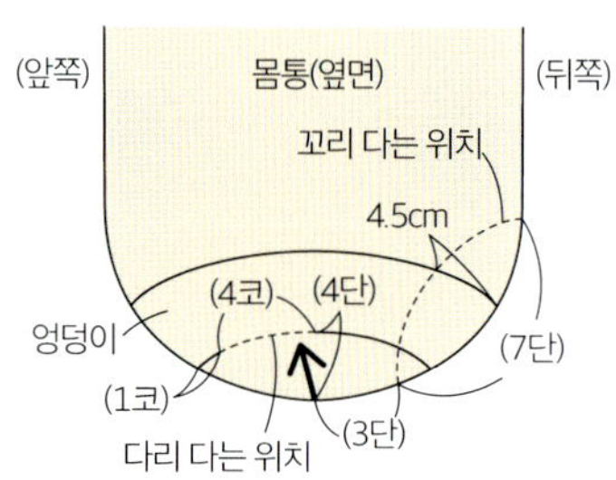

문어 화가 장 폴

| 작품 | p.24

재료 및 도구

실

하마나카 아멜리

화이트(20) 28g, 멜란지 라이트 퍼플(35) 25g, 다크 옐로(3) 5g

바늘

코바늘 5/0호(3mm)

부재료

인형솜·방울솜 각 10g, 펠트지(멜란지 그레이·블랙) 각 3.2cm×1.6cm, 목공용 본드, 수예용 올풀림 방지액

소품용 … 발사 목재(붓용 : 지름 5mm ×길이 6cm 7개, 팔레트용 : 가로 8cm ×세로 5.5cm×두께 3mm 1장), 아크릴 물감 적당량, 커터, 붓

완성 사이즈

전체 길이 20cm

뜨는 방법

1. 각 부분을 뜨고 솜을 넣습니다

각 부분을 뜨고 몸통(머리 부분)에 방울솜을 넣습니다. 미술가운과 다리(A, B, C)에는 인형 솜을 넣습니다.

포인트 **다리에는 그림붓을 지탱할 수 있도록 솜을 충분히 채워 넣습니다.**

2. 모든 부분을 연결합니다

엉덩이와 몸통을 감침질로 연결합니다. 다리와 베레모는 시침핀으로 임시 고정한 후 꿰매어 답니다. 눈을 붙입니다.

포인트 **다리는 균형을 잡아 조금씩 위치를 바꿔가면서 적당한 위치와 방향을 정한 뒤에 꿰매어 답니다.**

3. 마무리합니다

발사 목재를 커터로 잘라 붓과 팔레트 모양으로 만든 후 각각 색을 칠합니다. 그림붓과 팔레트를 꿰매어 고정한 후, 아크릴 물감을 사용해서 자신의 취향대로 미술가운과 팔에 색을 칠합니다.

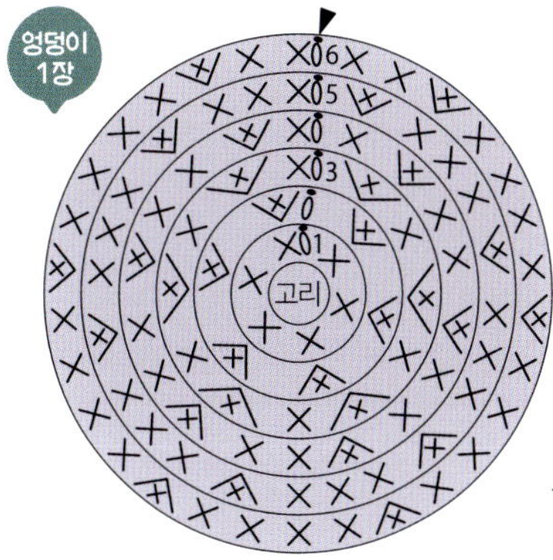

◀ = 실을 자른다

엉덩이(멜란지 라이트 퍼플)

단수	콧수	
6	36	단마다 (+6코)
5	30	
4	24	
3	18	
2	12	
1	6	

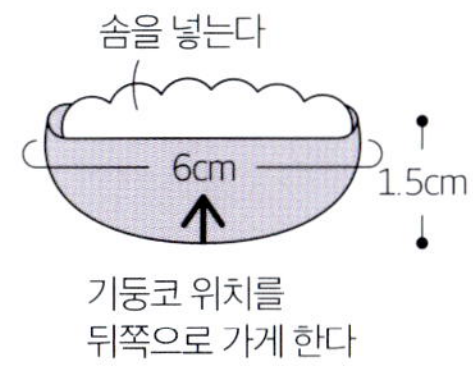

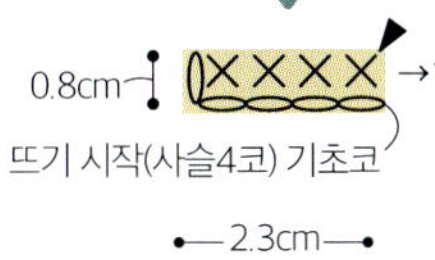

베레모(다크 옐로)

단수	콧수	
8	24	(-6코)
7	30	(-3코)
6	33	(+3코)
5	30	단마다 (+6코)
4	24	
3	18	
2	12	
1	6	

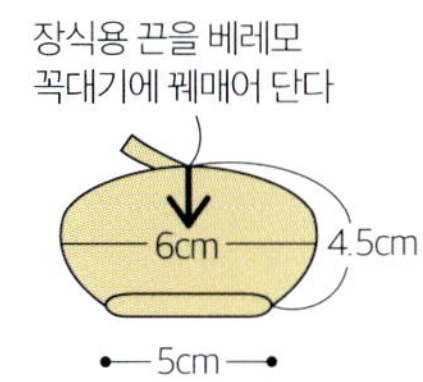

≡ 다리 다는 위치 ≡

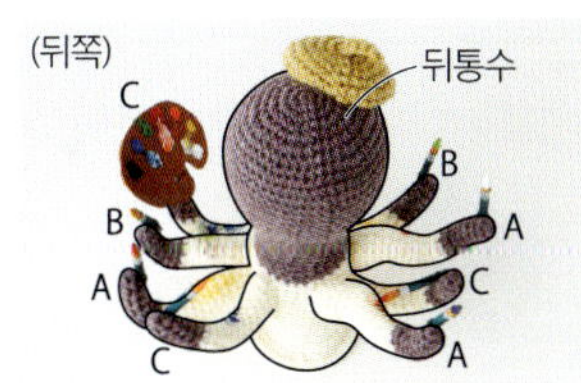

≡ 팔레트 마무리하는 방법 ≡

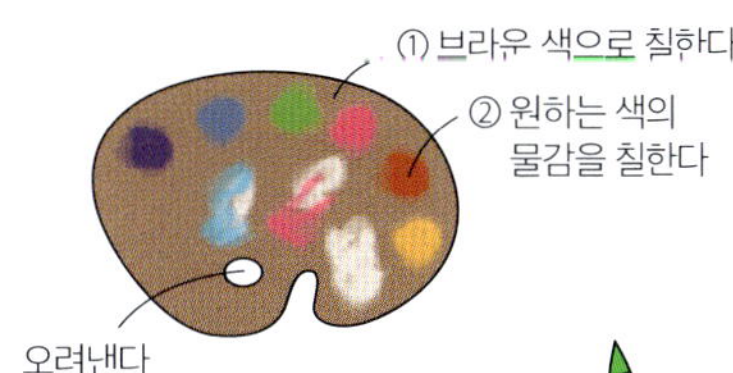

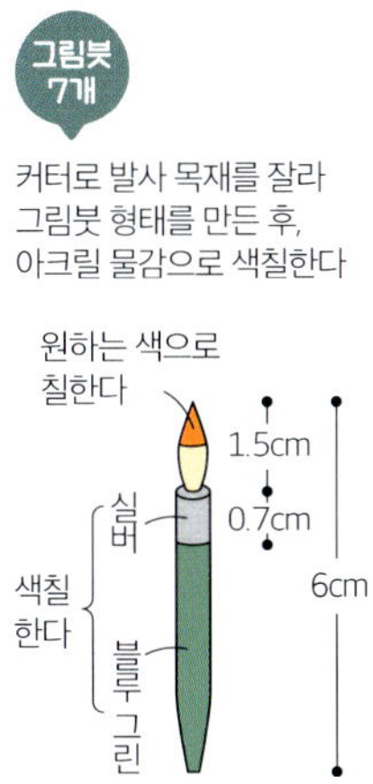

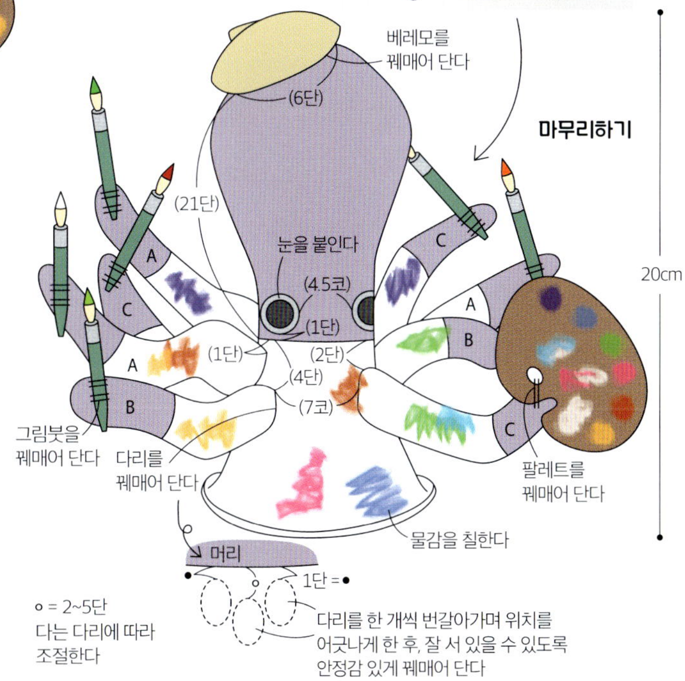

몸통 1장

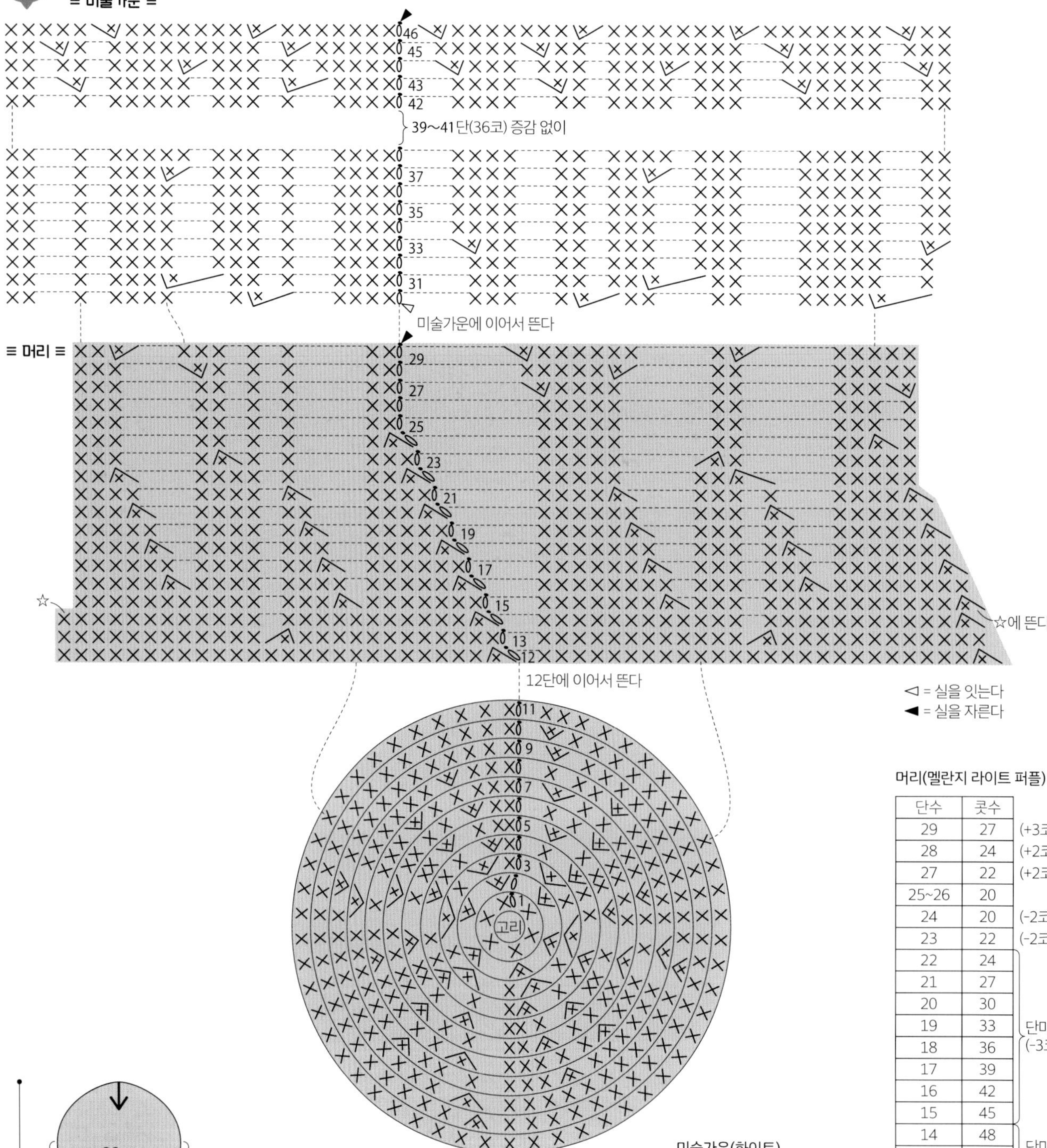

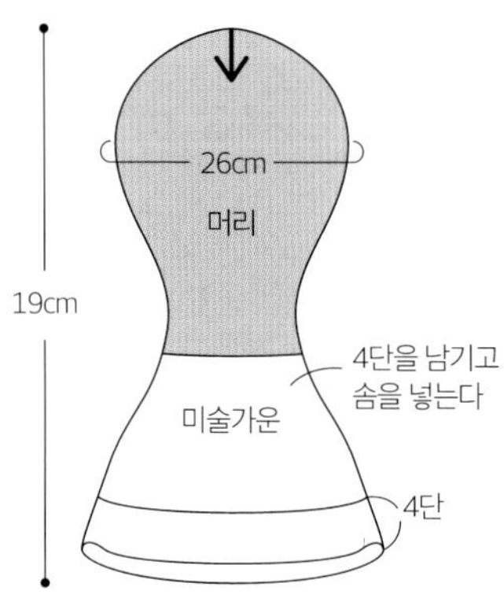

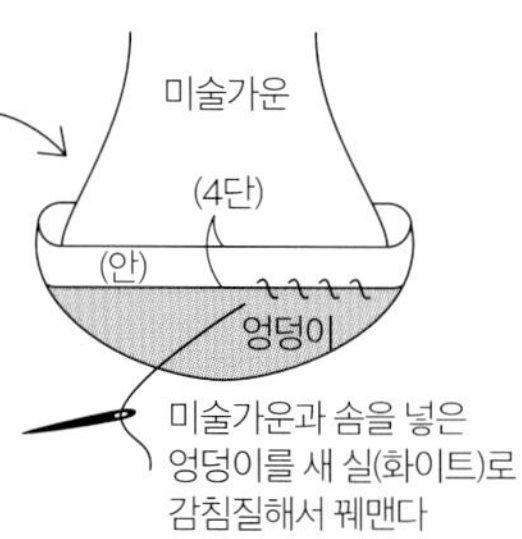

미술가운(화이트)

단수	콧수	
46	54	(+6코)
45	48	단마다 (+4코)
44	44	
43	40	
38~42	36	
37	36	(+2코)
34~36	34	
33	34	(+2코)
32	32	
31	32	(+2코)
30	30	(+3코)

머리(멜란지 라이트 퍼플)

단수	콧수	
29	27	(+3코)
28	24	(+2코)
27	22	(+2코)
25~26	20	
24	20	(-2코)
23	22	(-2코)
22	24	단마다 (-3코)
21	27	
20	30	
19	33	
18	36	
17	39	
16	42	
15	45	
14	48	단마다 (-2코)
13	50	
12	52	
11	54	
10	54	(+2코)
9	52	(+4코)
8	48	단마다 (+6코)
7	42	
6	36	
5	30	
4	24	
3	18	
2	12	
1	6	

다리A 3장

바느질을 하기 위해 필요한 치수의 3배 정도가 되는 실을 남긴다

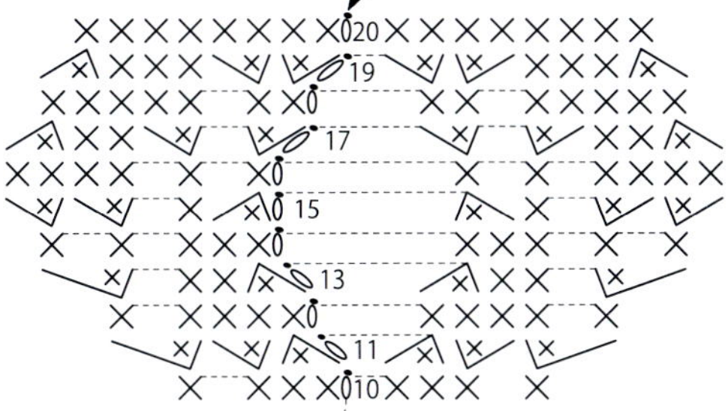

다리B 2장

바느질을 하기 위해 필요한 치수의 3배 정도가 되는 실을 남긴다

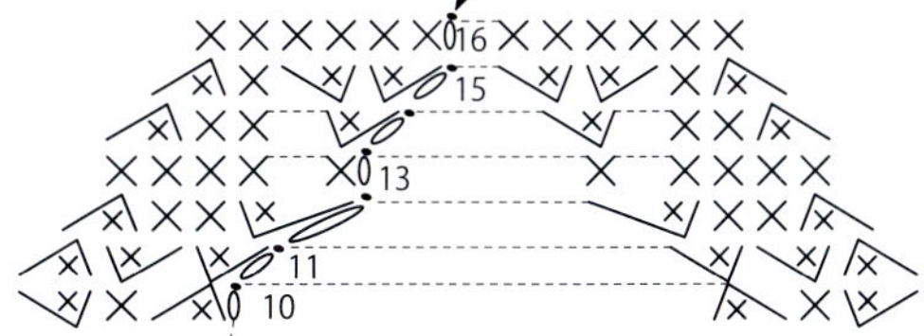

★에서 이어서 뜬다

◁ = 실을 잇는다
◀ = 실을 자른다

다리 1~9단

다리A~C에 이어서 뜬다

≡ 다리A~C 공통 ≡

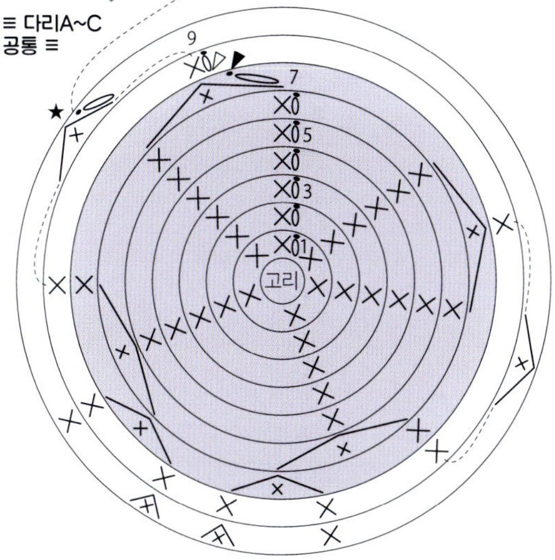

다리C 3장

바느질을 하기 위해 필요한 치수의 3배 정도가 되는 실을 남긴다

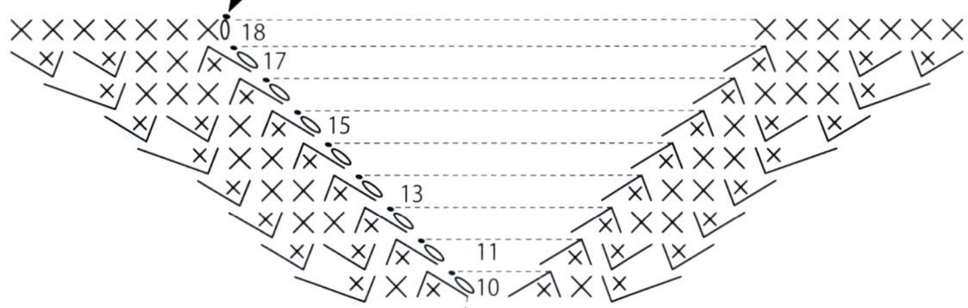

★에서 이어서 뜬다

팔레트 (발사 목재) 1장

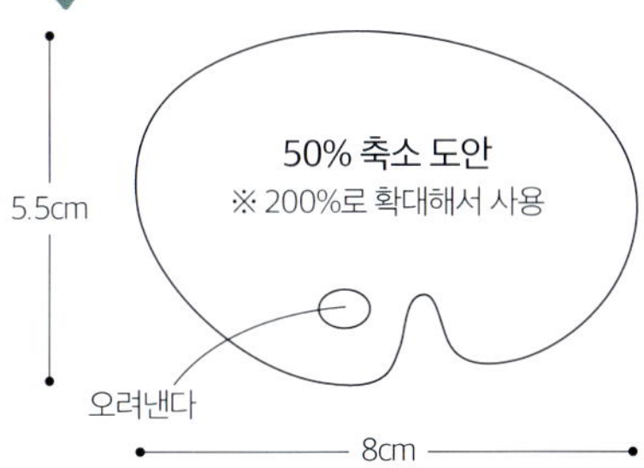

다리A

배색	단수	콧수	
(화이드)	20	16	
	19	16	(+2코)
	18	14	
	17	14	(+2코)
	16	12	
	15	12	(+2코)
	12~14	10	
	11	10	(+2코)
	10	8	
(멜란지 라이트 퍼플)	8~9	8	
	7	8	
	6	8	(+2코)
	2~5	6	
	1	6	

다리B

9단까지의 단수와 배색은 다리A 참조

배색	단수	콧수	
(화이트)	16	12	
	15	12	(+2코)
	12~14	10	
	11	10	(+2코)
	10	8	

다리C

9단까지의 단수와 배색은 다리A 참조

배색	단수	콧수	
(화이트)	18	14	
	17	14	(+2코)
	16	12	
	15	12	(+2코)
	12~14	10	
	11	10	(+2코)
	10	8	

※ 다리A~C는 다리의 9단에서 이어서 뜬다

≡ 다리A ≡

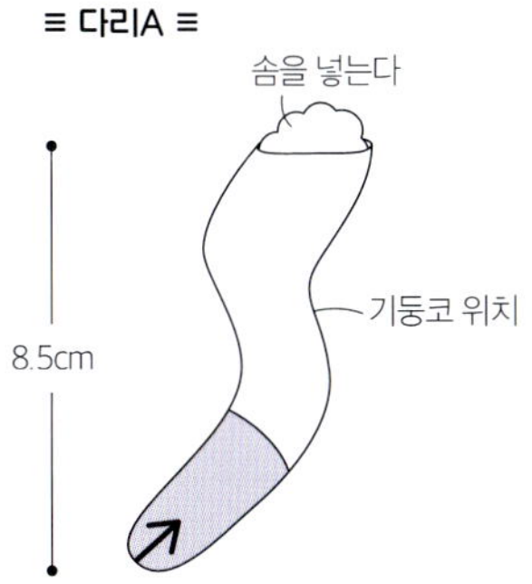

≡ 다리B ≡

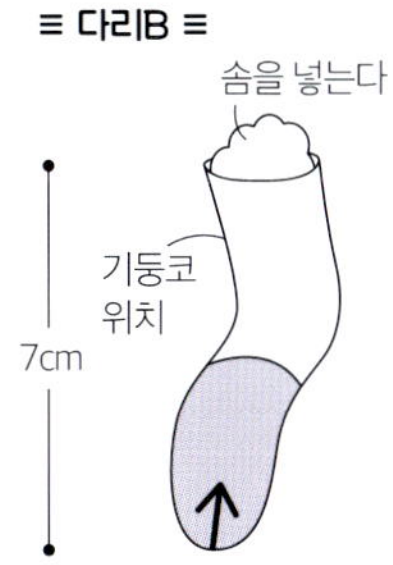

≡ 다리C ≡

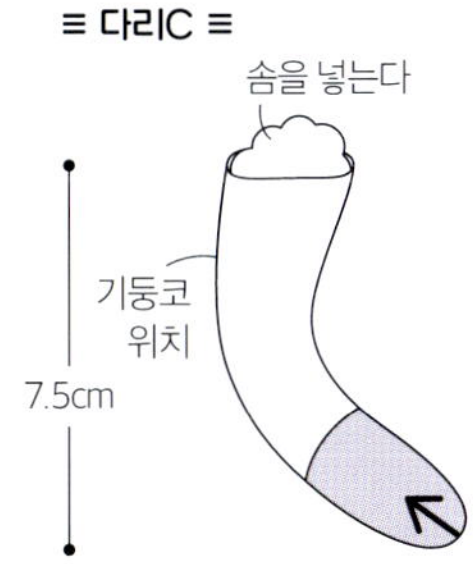

눈 펠트지(블랙, 멜란지 그레이) 각 2장

실물 크기 도안

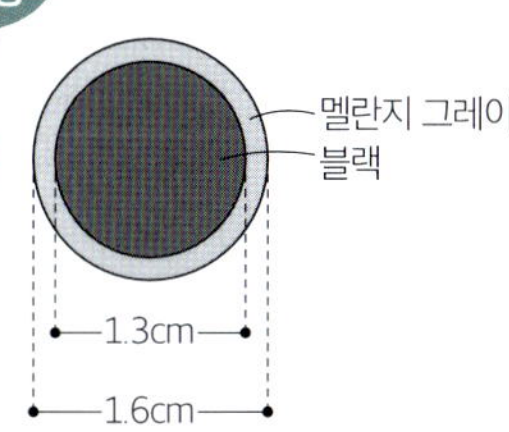

북극곰 르블랑 부자

| 작품 | p.26

앞 뒤

재료 및 도구

* 대…아빠 르블랑, 소…아들 르블랑을 나타냅니다.

실

리치모어 퍼센트

대 … 아이보리(123) 78g, 네이비 블루(47) 39g, 멜란지 브라운(125) 6g

소 … 아이보리(123) 28g, 네이비 블루(47) 13g, 멜란지 브라운(125) 3g

바늘

대 … 코바늘 7/0호(4mm)

소 … 코바늘 5/0호(3mm)

부재료(공통)

인형솜 대…약 60g/소…약 20g, 방울솜 각 적당량, 펠트지(그레이·다크 브라운) 대…3.6cm×1.8cm/소…2.4cm×1.2cm, 펠트지(오렌지) 대…6cm×4cm/소…3cm×2.5cm 각 적당량, 목공용 본드, 수예용 올풀림 방지액

완성 사이즈

대 … 전체 길이 36cm

소 … 전체 길이 26cm

뜨는 방법

* 실은 아빠 르블랑은 두 가닥, 아들 르블랑은 한 가닥으로 뜹니다.

1. 각 부분을 뜨고 솜을 넣습니다

팔(손·소매), 다리(발바닥·바지), 머리를 뜬 후, 머리에는 방울솜을 넣고 그 외에는 인형솜을 넣습니다. 계속해서 양쪽 다리에서 코를 주워 몸통의 엉덩이를 뜬 후, 몇 단마다 솜을 넣어가며 몸판을 뜹니다. 몸통의 어깨 부분은 팔과 몸판에서 코줍기를 해서 뜹니다.

포인트 **몸통은 다리에서부터 계속 이어서 가늘고 길게 떠야 하므로 각각의 부위를 뜰 때 몇 단마다 솜을 넣은 후, 형태를 정돈하면서 떠 나갑니다.**

2. 모든 부분을 연결합니다

머리의 실 끝을 사용해서 머리와 몸통을 감침질로 연결합니다.

3. 마무리합니다

얼굴은 각 부분을 시침핀으로 임시 고정한 후, 조금씩 위치를 바꿔가면서 적당한 위치를 정합니다. 귀와 꼬리를 꿰매어 달고 입과 눈을 붙입니다. 마지막으로 얼굴에 수를 놓습니다.

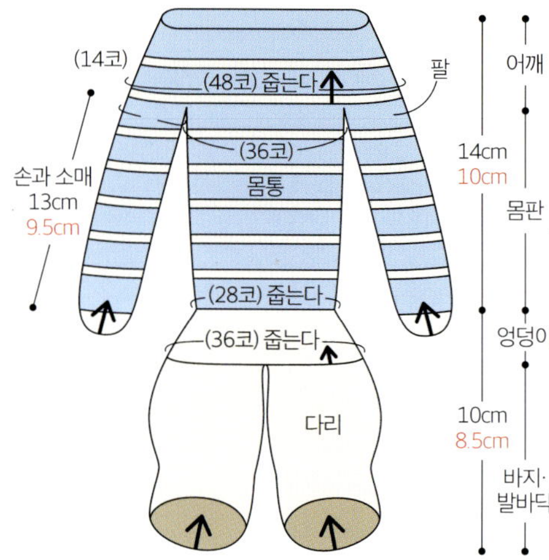

포인트
몸통을 뜨기 전에 팔 두 개와 다리 두 개를 뜬다. 솜을 적당히 넣고 형태를 정돈해둔다.

검은 글씨=아빠 르블랑의 치수
빨간 글씨=아들 르블랑의 치수

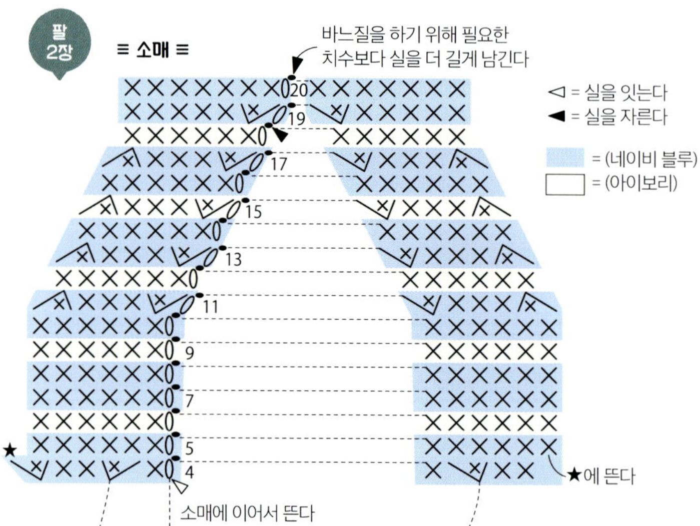

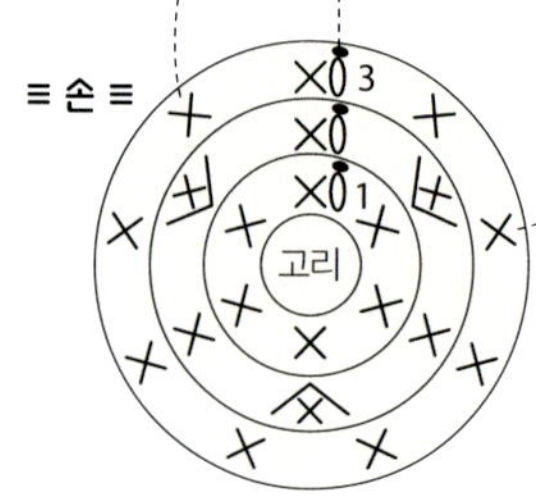

손·소매

단수	콧수	
20	14	
19	14	(+2코)
7~18	12	
6	12	
5	12	
4	12	(+3코)
3	9	
2	9	(+3코)
1	6	

소매(줄무늬) ☆를 반복한다: (아이보리) 6단, ☆(네이비 블루) 5~4단

손(아이보리): 1~3단

몸통 1장

≡ 어깨 ≡

= (네이비 블루) □ = (아이보리)

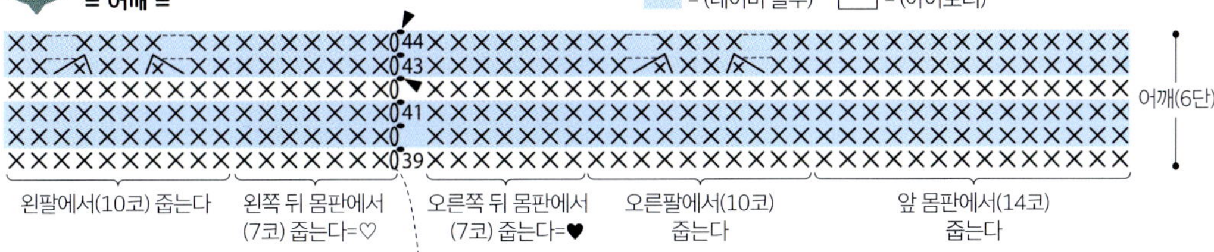

어깨

	단수	콧수	
어깨(줄무늬 ☆를 반복한다)	44	44	
	43	44	(-4코)
	40~42	48	
	39	소매·몸판에서 (48코) 줍는다	

≡ 엉덩이·몸판 ≡

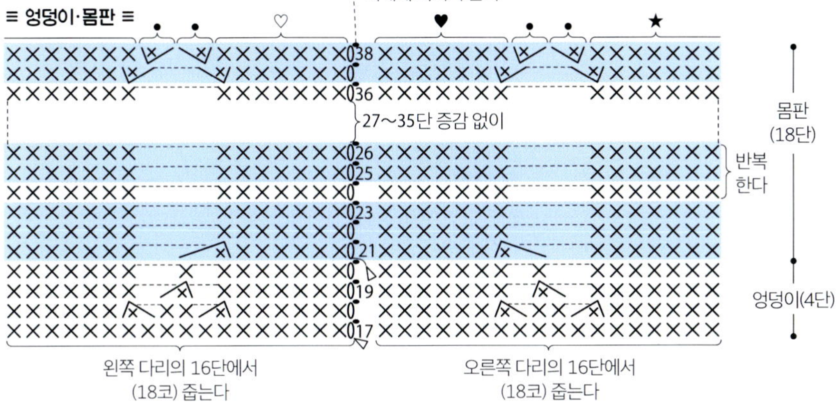

발바닥·바지·엉덩이·몸판

		단수	콧수	
몸판 (줄무늬)	(네이비 블루)	38	36	(+4코)
		37	32	(+4코)
	(아이보리)	36	28	
	☆반복한다	27~35	28	
	☆ (네이비 블루)	25~26	28	
	☆ (아이보리)	24	28	
	(네이비 블루)	22~23	28	
		21	28	(-2코)
엉덩이 (아이보리)		20	30	
		19	30	(-2코)
		18	32	(-4코)
		17	양쪽 다리에서 (36코) 줍는다	
바지 (아이보리)		16	24	(-4코)
		13~15	28	
		12	28	(+4코)
		11	24	
		10	24	(+4코)
		9	20	(+4코)
		8	16	(-4코)
		7	20	(-4코)
		5~6	24	
발바닥 (멜란지 브라운)		4	24	단마다 (+6코)
		3	18	
		2	12	
		1	6	

다리 2장

≡ 발바닥·바지 ≡

◁ = 실을 잇는다
◀ = 실을 자른다

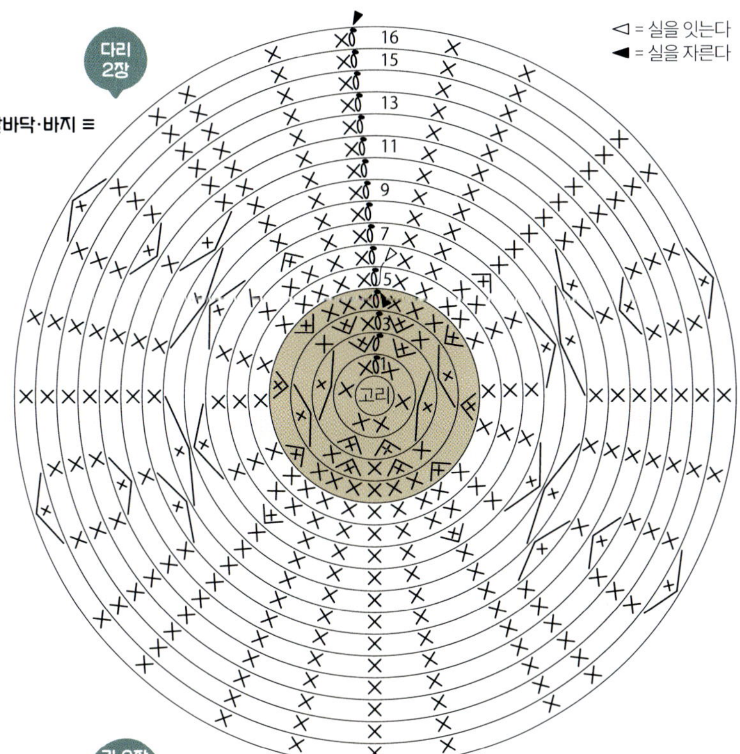

≡ 엉덩이 뜨기 시작하는 방법(17단) ≡

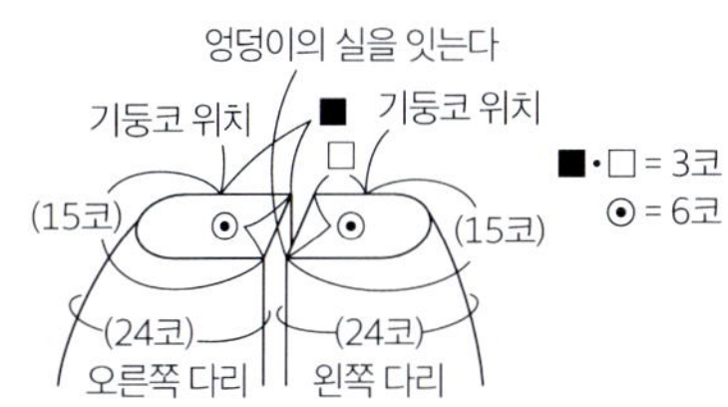

① ⊙ 표시끼리(6코) 빼뜨기로 꿰맨다
② 엉덩이의 실을 이어서 □ 표시에서 (3코), 왼쪽 다리에서 (15코), 오른쪽 다리에서 (15코), ■ 표시에서 (3코), 전체에서 (36코) 코줍기를 해서 엉덩이를 뜬다

귀 2장 · 꼬리 1장

※ 귀와 꼬리는 도안 공통

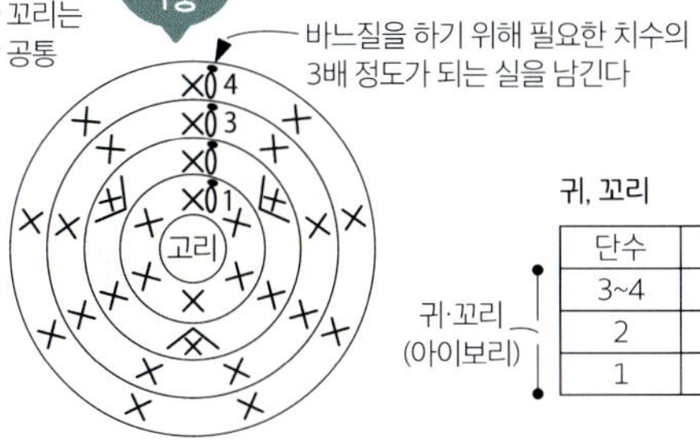

귀, 꼬리

	단수	콧수	
귀·꼬리 (아이보리)	3~4	9	
	2	9	(+3코)
	1	6	

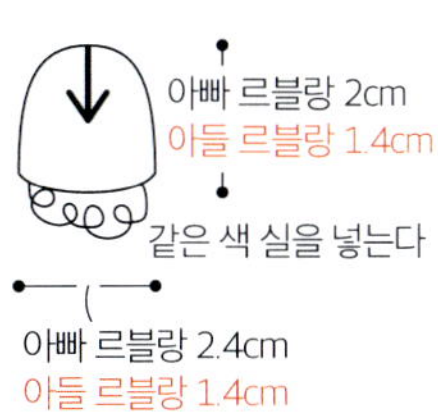

≡ 어깨 뜨기 시작하는 방법(39단) ≡

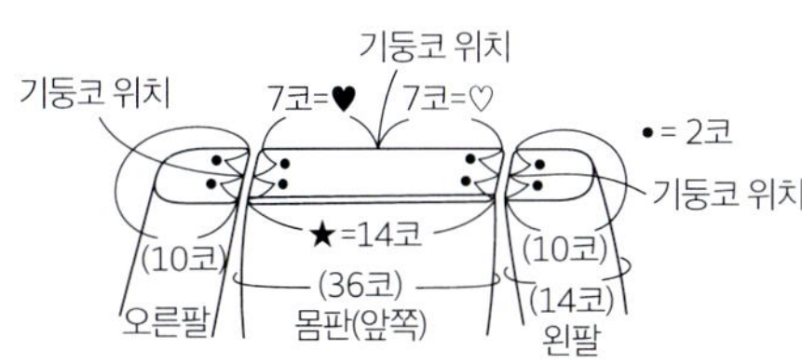

① 좌우의 ● 표시(4코씩)를, 팔을 떴던 실의 끝자락을 사용해서 빼뜨기로 꿰맨다
② 몸판(뒤쪽)의 기둥코 위치에서 ♡(7코), 왼팔(10코), 몸판(앞쪽)의 ★(14코), 오른팔(10코), 몸판(뒤쪽)의 ♥(7코)를 주워서 어깨를 뜬다. 전체의 콧수는 (48코)가 된다

머리
1장

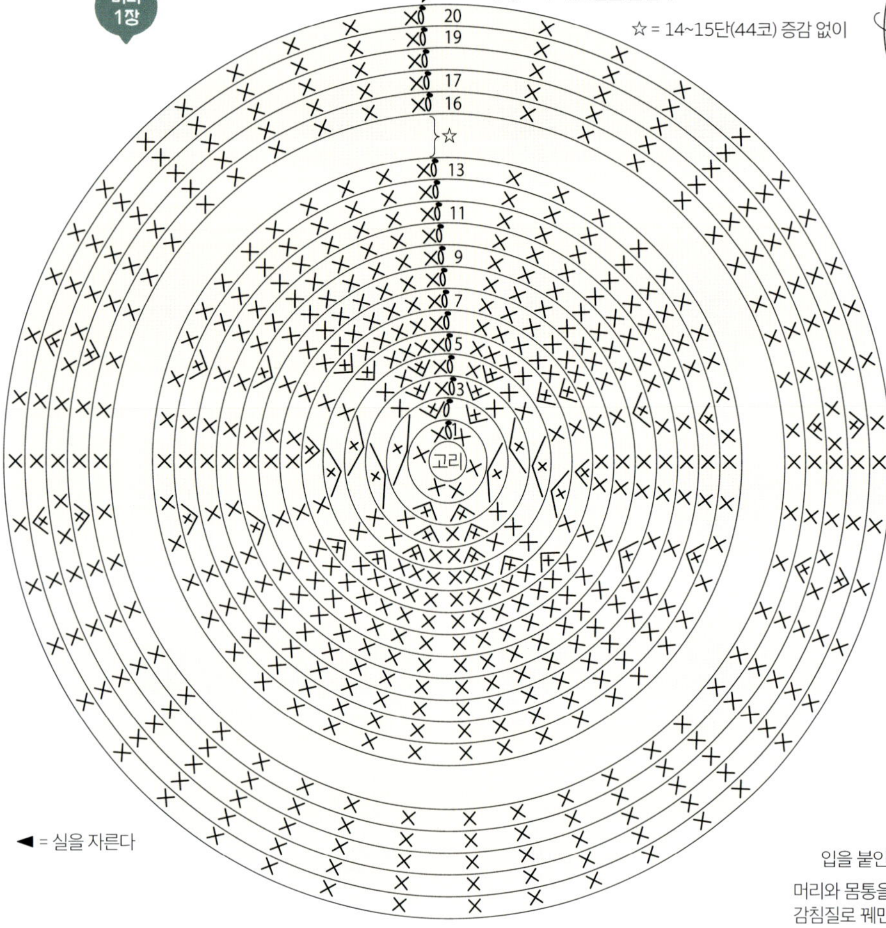

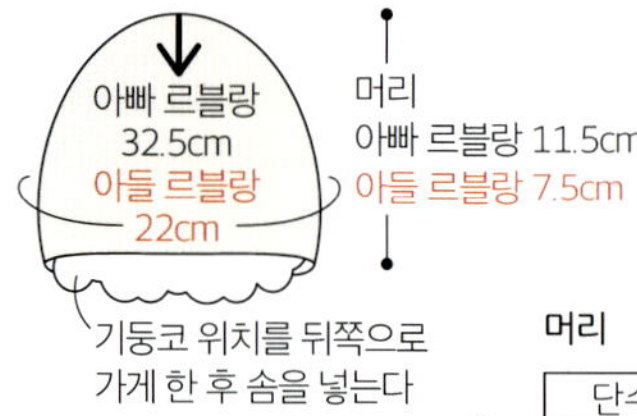

머리

	단수	콧수	
머리 (아이보리)	20	44	
	19	44	(-4코)
	18	48	
	17	48	(+4코)
	13~16	44	
	12	44	(+4코)
	10~11	40	
	9	40	(+4코)
	7~8	36	
	6	36	단마다 (+6코)
	5	30	
	4	24	
	3	18	
	2	12	
	1	6	

마무리하기

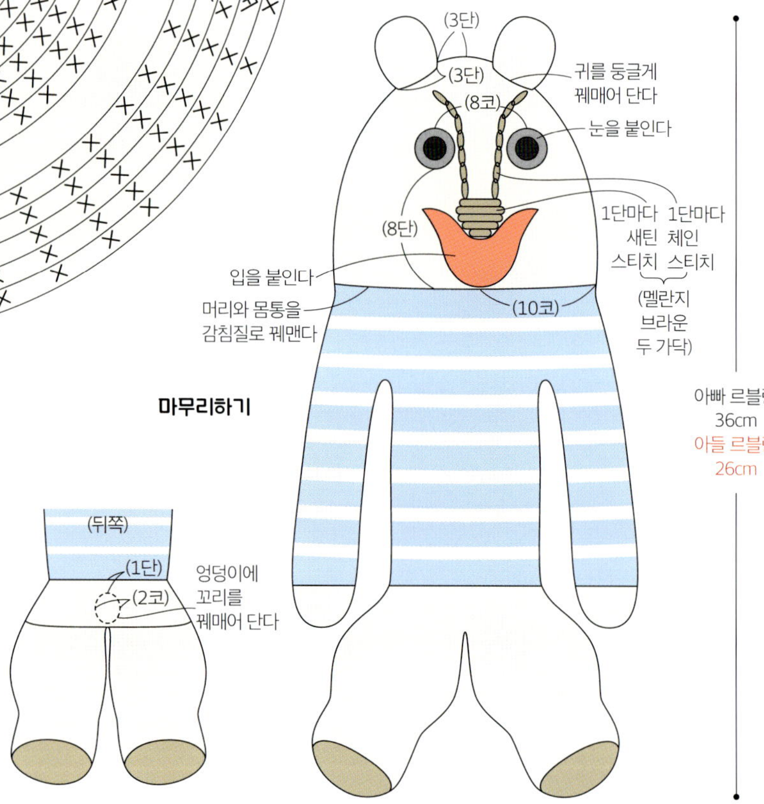

눈
펠트지(그레이, 다크 브라운)
각 2장

≡ 아빠 르블랑 ≡

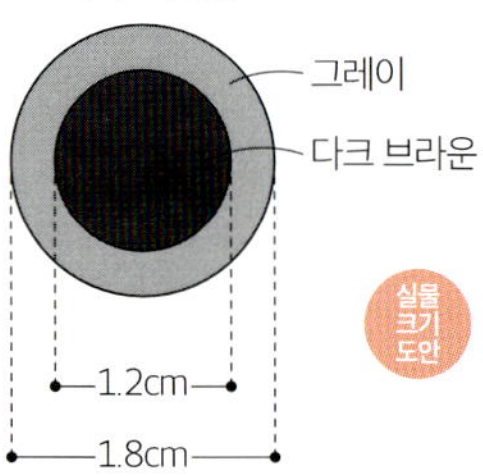

≡ 아들 르블랑 ≡

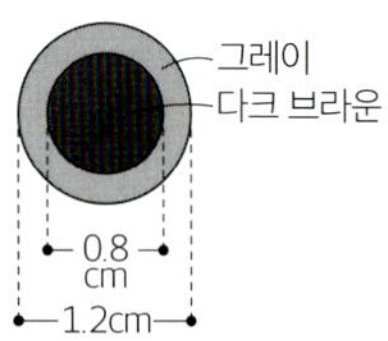

실물 크기 도안

입
펠트지
(오렌지)
1장

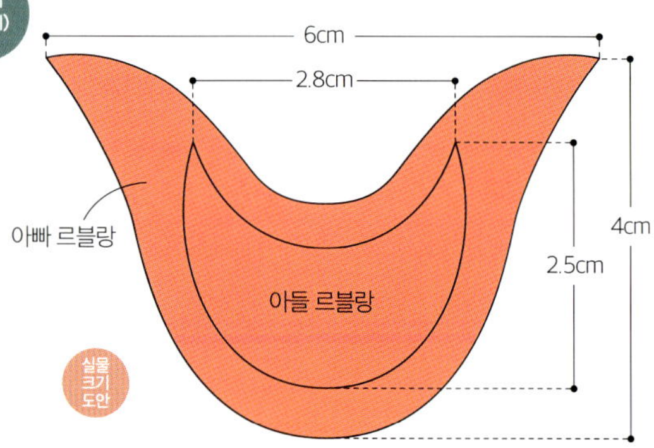

실물 크기 도안

수놓는 방법

새틴 스티치

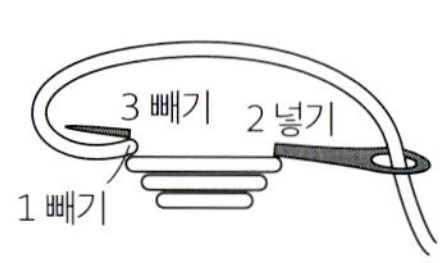

체인 스티치

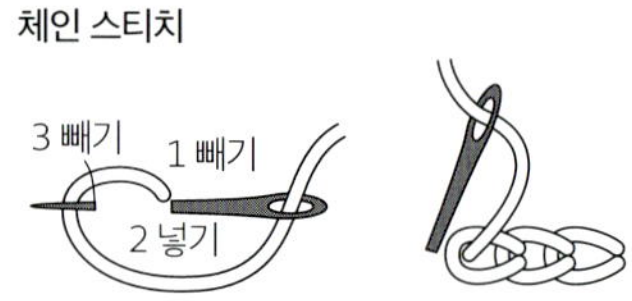

발레 댄서 조세핀과 앙드레

| 작품 | p.28

재료 및 도구

실

리치모어 퍼센트

앙드레 …

블랙(90) 11g, 다크 그레이(122) 9g, 그레이(93) 5g, 화이트(1) 3g

조세핀 …

레드(74) 10g, 오렌지(117) 9g, 다크 핑크(75) 5g, 화이트(1) 3g, 블랙(90) 1g

바늘

코바늘 4/0호(2.5mm)

부재료(2개 공통)

인형솜 약 10g

완성 사이즈

전체 길이 16cm

뜨는 방법

몸통은 머리·몸통·꼬리지느러미를 이어서 뜬 후, 머리와 몸통에 솜을 넣습니다. 눈과 지느러미(등지느러미, 배지느러미, 가슴지느러미)를 뜨고 몸통에 꿰매어 답니다.

포인트 몸통과 꼬리지느러미는 뒤틀리기 쉬우니 마무리하기 전에 균형을 봐가며 뜨개조직을 비틀어 형태를 정돈하세요. 지느러미는 부드럽기 때문에 뜨기 끝의 실 끝을 정리할 때 뜨개조직의 끝부분에 길게 통과시켜서 심지처럼 빳빳하게 만들어야 형태가 잘 유지됩니다.

◁ = 실을 잇는다
◀ = 실을 자른다

※ 배색
( ) 안은 앙드레
지정 이외에는 조세핀

배 지느러미 2장

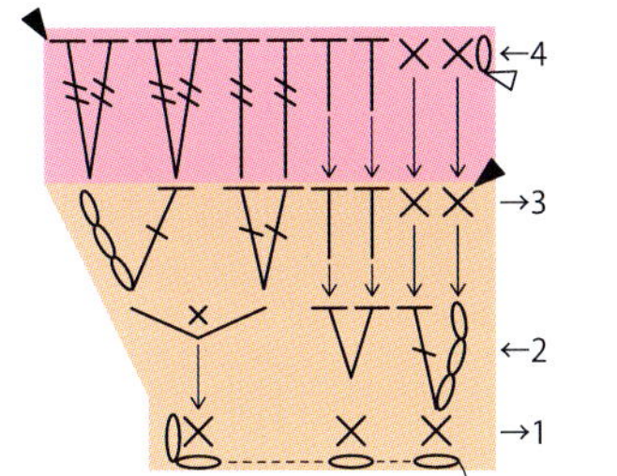

뜨기 시작(사슬 3코) 기초코
※ 바느질을 하기 위해 실을 길게 남긴다

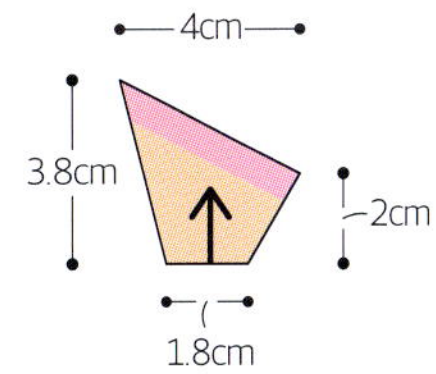

배지느러미

배색	단수	콧수	
다크 핑크(그레이)	4	10	(+2코)
오렌지(다크 그레이)	3	8	(+2코)
	2	6	(+3코)
	1	3	

등 지느러미 1장

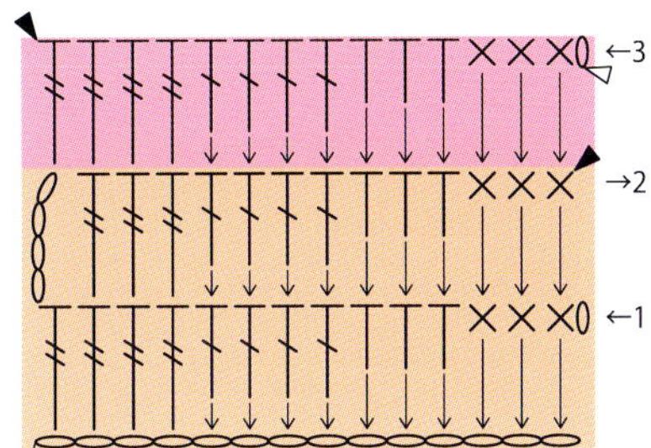

뜨기 시작(사슬 14코) 기초코
※ 바느질을 하기 위해 실을 길게 남긴다

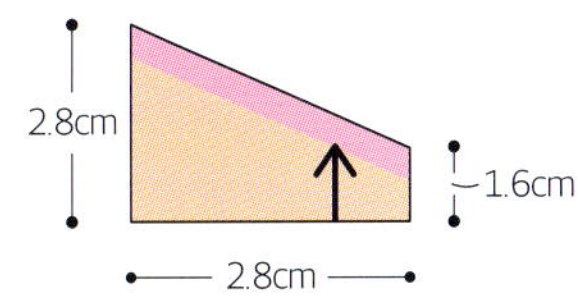

등지느러미

배색	단수	콧수
다크 핑크(그레이)	3	14
오렌지(다크 그레이)	2	14
	1	14

가슴 지느러미 2장

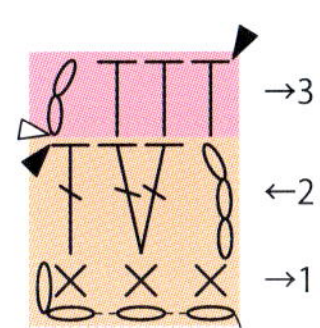

뜨기 시작(사슬 3코) 기초코
※ 바느질을 하기 위해 실을 길게 남긴다

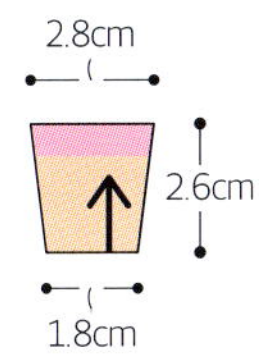

가슴지느러미

배색	단수	콧수	
다크 핑크(그레이)	3	4	
오렌지(다크 그레이)	2	4	(+1코)
	1	3	

눈 2장

바느질을 하기 위해 필요한 치수의 3배 정도가 되는 실을 남긴다

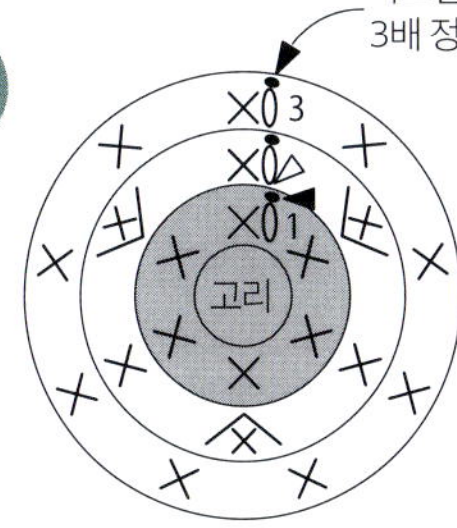

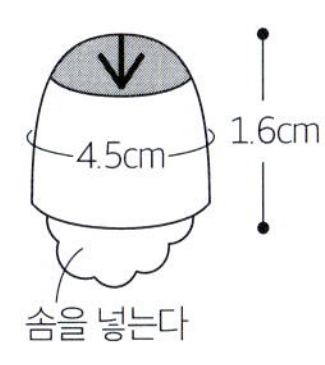

눈(색은 공통)

배색	단수	콧수	
화이트	3	9	
	2	9	(+3코)
블랙	1	6	

마무리하기

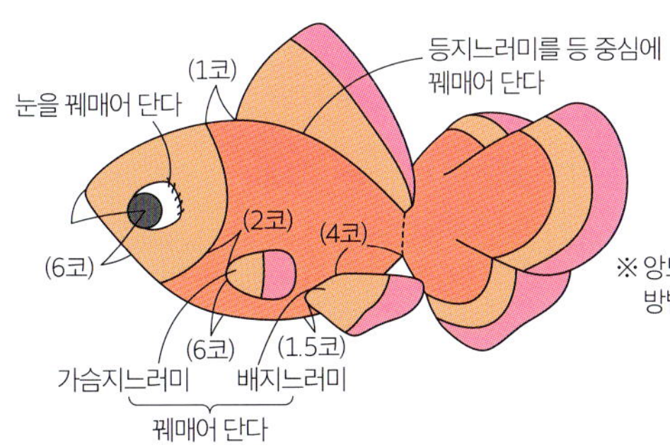

※ 앙드레도 같은 방법으로 뜬다

몸통
1장

≡ 머리 8~9단·몸통 ≡

꼬리지느러미에 이어서 뜬다

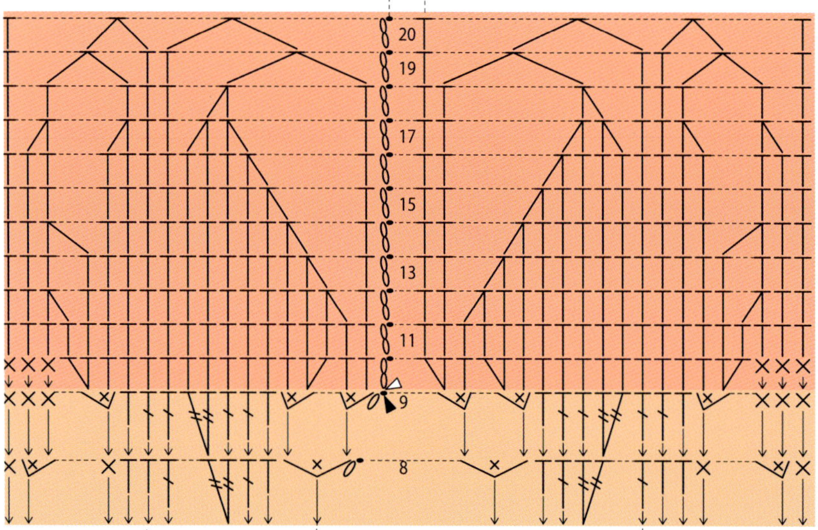

머리(8단)에 이어서 뜬다

≡ 머리 ≡

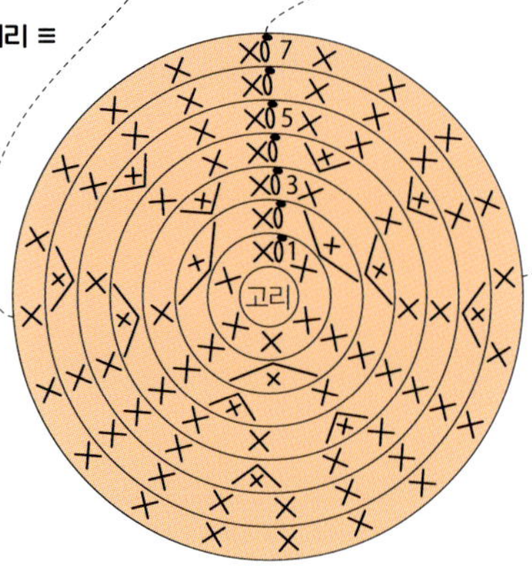

◁ = 실을 잇는다
◀ = 실을 자른다

※ 배색
( ) 안은 앙드레
지정 이외에는 조세핀

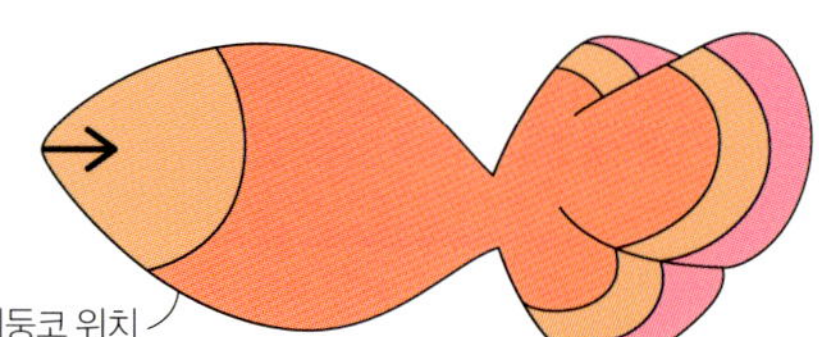

머리·몸통 9cm — 꼬리지느러미 7cm

솜은 몸통의 16단 정도에서 한 번 넣고,
20단에서 전체적으로 넣는다

머리·몸통·꼬리지느러미

	단수	콧수	
다크 핑크 (그레이)	26	78	(+10코)
오렌지 (다크 그레이)	25	68	(+10코)
꼬리지느러미 레드(블랙)	24	58	(+6코)
	23	52	(+10코)
	22	42	(+24코)
	21	18	(+10코)
몸통 레드(블랙)	20	8	(-4코)
	19	12	(-4코)
	18	16	(-2코)
	17	18	(-8코)
	16	26	(-2코)
	15	28	(-2코)
	14	30	(-4코)
	13	34	(-2코)
	12	36	(-4코)
	11	40	
	10	40	(+6코)
머리 오렌지 (그레이)	9	34	(+8코)
	8	26	(+6코)
	7	20	
	6	20	(+2코)
	5	18	단마다 (+3코)
	4	15	
	3	12	
	2	9	
	1	6	

≡ 꼬리지느러미 ≡

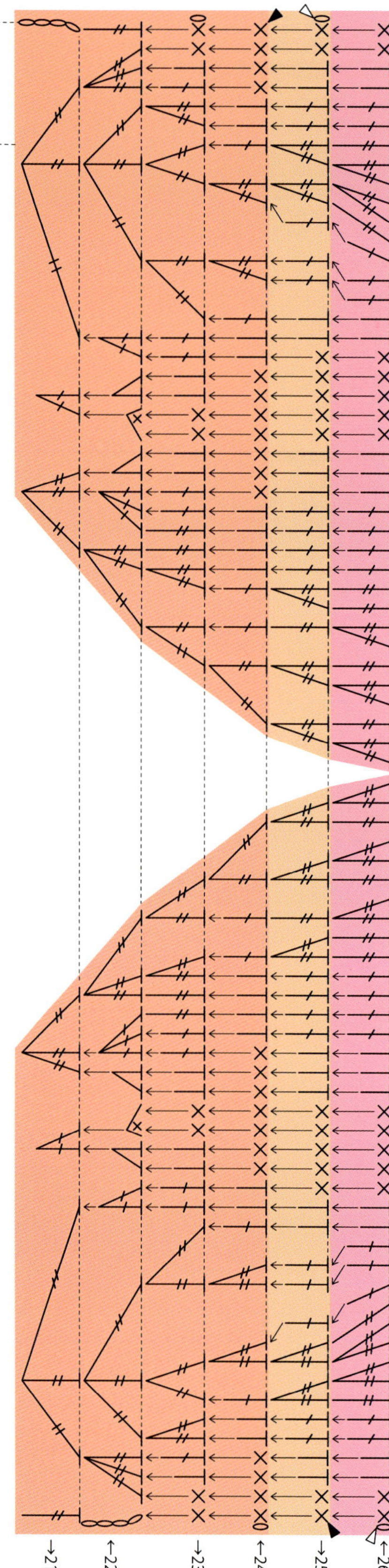

코바늘뜨기의 뜨개 기호 & 뜨는 방법

실 감아 원형코 만들기

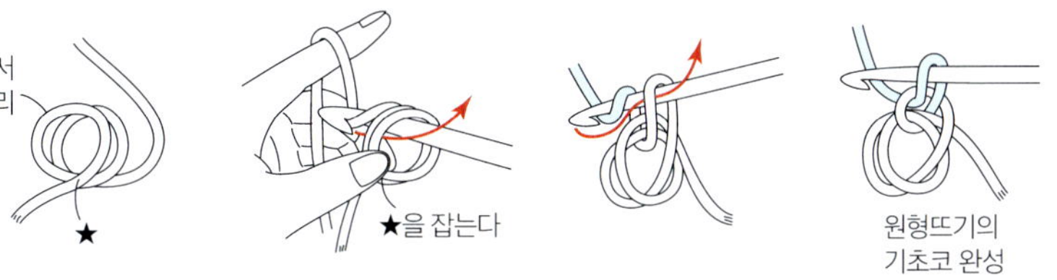

뜨는 방법

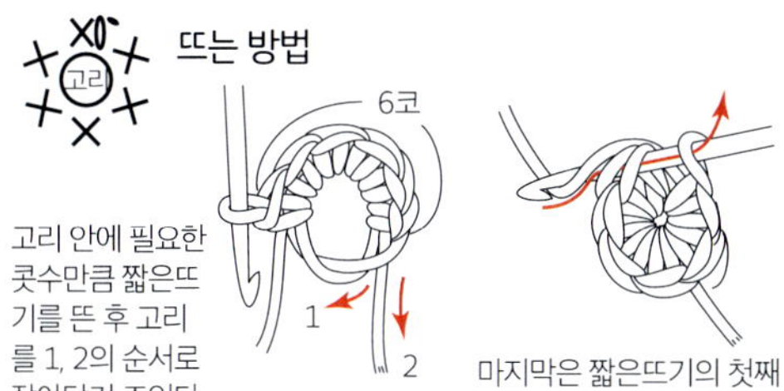

고리 안에 필요한 콧수만큼 짧은뜨기를 뜬 후 고리를 1, 2의 순서로 잡아당겨 조인다

마지막은 짧은뜨기의 첫째 코에 바늘을 넣어서 빼낸다

사슬뜨기

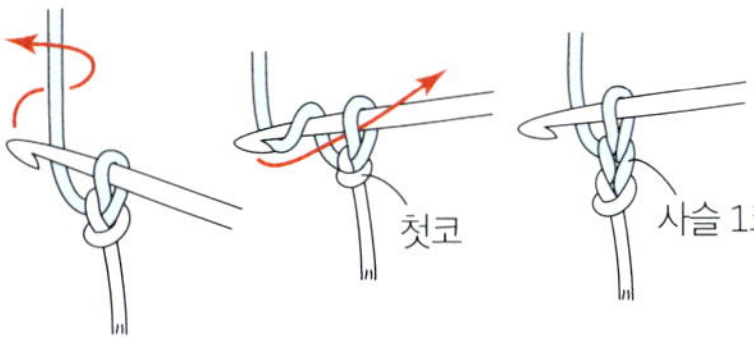

사슬코의 겉과 안

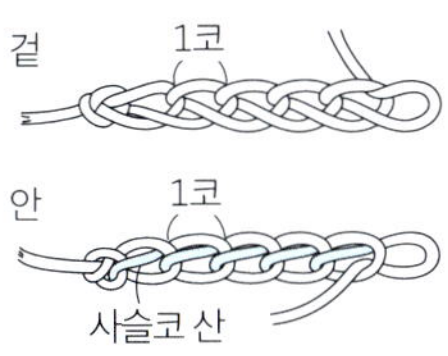

짧은뜨기

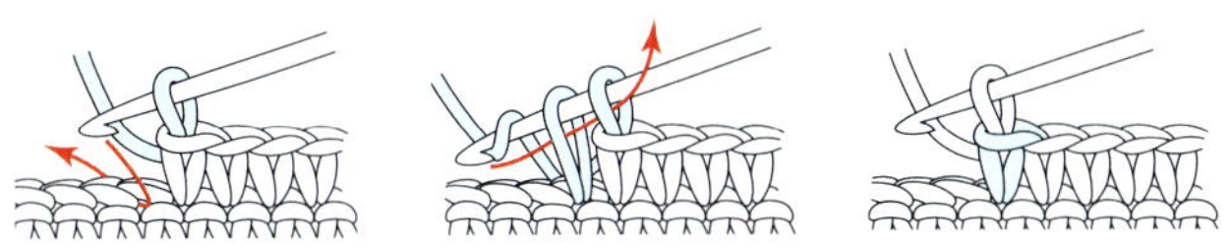

앞 단의 짧은뜨기 머리에 바늘을 넣는다

실을 끌어낸 후, 다시 바늘에 실을 걸어서 빼낸다

긴뜨기

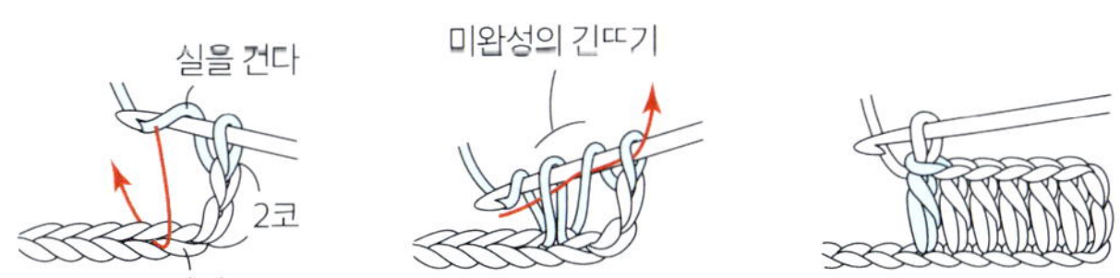

실을 끌어낸 후, 다시 바늘에 실을 걸어서 빼낸다

한길긴뜨기

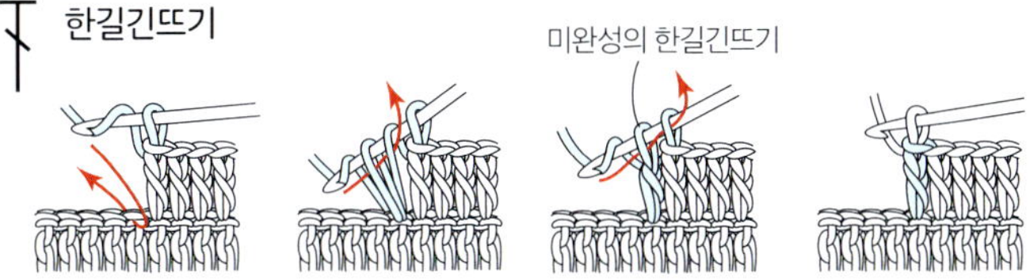

바늘에 실을 건 후, 앞 단 코에 바늘을 넣고 다시 실을 걸어서 끌어낸다

계속해서 바늘에 실을 걸고 고리 두 개만 빼낸다

한 번 더 바늘에 실을 걸고 모든 고리를 빼낸다

두길긴뜨기

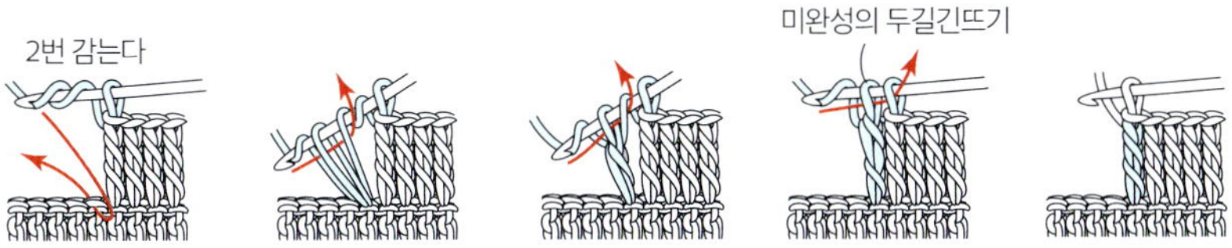

짧은뜨기 2코 모아뜨기

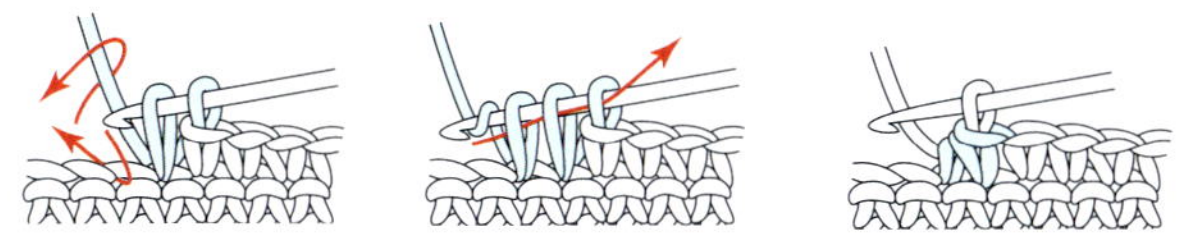

한길긴뜨기 2코 모아뜨기

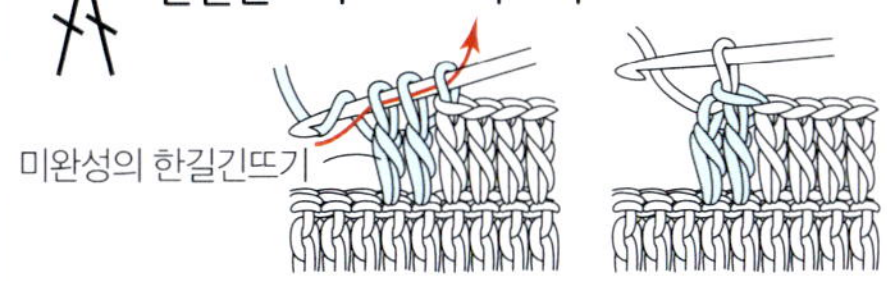

앞 단 2코에 미완성의 한길긴뜨기를 2코 뜬 후 마지막에 한꺼번에 빼낸다

※ 도 마지막에 빼내기 전까지 미완성의 긴뜨기(혹은 두길긴뜨기)를 2코 뜬 다음, 와 같은 요령으로 한꺼번에 빼낸다.

짧은뜨기 2코 늘려뜨기

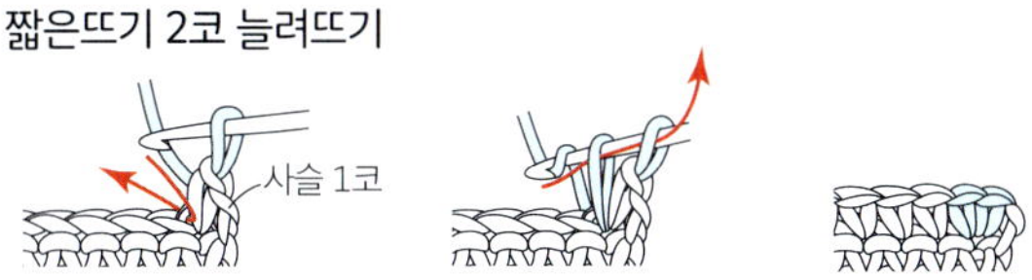

앞 단 1코에 짧은뜨기를 1코 뜬다

같은 코에 짧은뜨기를 1코 더 뜬다

한길긴뜨기 2코 늘려뜨기

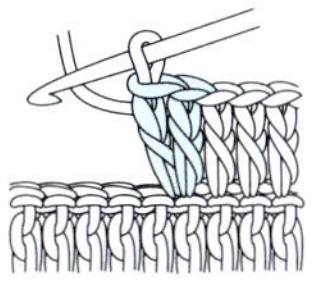

※ 도 같은 요령으로 앞 단 1코에 긴뜨기를 2코 뜬다.

빼뜨기

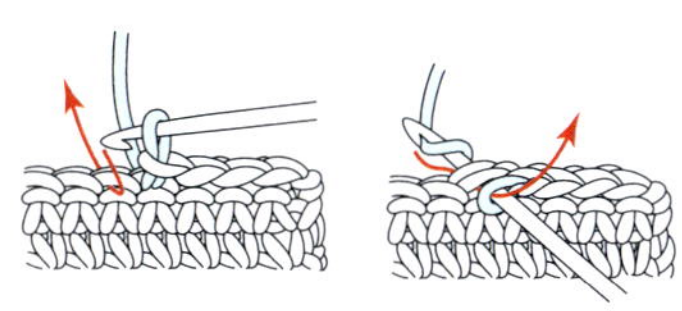

앞 단 코의 머리에 바늘을 넣고 실을 건 후, 바늘에 걸려 있는 코를 모두 빼낸다

사슬 3코 피코빼뜨기

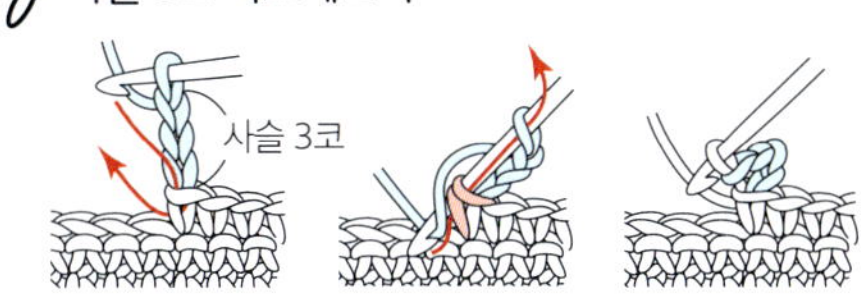

사슬을 3코 뜬다

짧은뜨기의 머리 반 코와 다리 한 가닥에 바늘을 넣은 후, 실을 걸어서 빼낸다

프랑스에서 온 시크한 동물 친구들

치비루의
코바늘 손뜨개 인형

2019년 1월 21일 초판 1쇄 인쇄
2019년 1월 28일 초판 1쇄 발행

지은이 ChibiRu
옮긴이 김수연
감수 구연경

펴낸이 정상석
책임편집 송유선
마케팅 이병진
디자인 김보라
펴낸 곳 터닝포인트(www.diytp.com)
등록번호 제2005-000285호

주소 (03991) 서울시 마포구 동교로27길 53 지남빌딩 308호
전화 (02) 332-7646
팩스 (02) 3142-7646
ISBN 979-11-6134-045-6 (13630)

정가 14,000원

내용 및 집필 문의 diamat@naver.com
터닝포인트는 삶에 긍정적 변화를 가져오는 좋은 원고를 환영합니다.

이 도서의 국립중앙도서관 출판예정도서목록(CIP)은 서지정보유통지원시스템 홈페이지(http://seoji.nl.go.kr)와
국가자료공동목록시스템(http://www.nl.go.kr/kolisnet)에서 이용하실 수 있습니다.
(CIP제어번호: CIP2018041145)